危機言語への
まなざし

中国における言語多様性と言語政策

石剛［編］

三元社

目次

危機言語へのまなざし
中国における言語多様性と言語政策

まえがき　今、なぜ危機言語か
石剛
1

言語意識と現代中国と
石剛
5

1. はじめに　5
2. 「語言生活派」というブランド　6
3. 社会言語学研究の今日的状況　8
4. 言語政策発想の転換　12
5. 言語政策の実行過程に見る諸関係　14
6. 言語政策と言語意識　16
7. おわりに　18

危機言語の認定と保護
黄行
21

1. 国家言語と民族言語　21
   - 1.1. 言語同一性と同一言語の認知　21 ／ 1.2. 国家言語　23 ／ 1.3. 民族言語　25 ／ 1.4. 国家言語と民族言語への帰属認識　31
2. 危機言語の基準　32
   - 2.1. 危機言語　32 ／ 2.2. 言語の認定基準　34 ／ 2.3. 中国の言語グループと民族グループ　38 ／ 2.4. 危機言語の認定と保護　42
3. 少数民族言語使用状況調査　47
   - 3.1. 少数民族言語文字調査状況　47 ／ 3.2. 少数民族言語文字政策　57 ／ 3.3. 中国少数民族言語の使用発展状況　63 ／ 3.4. 少数民族言語文字使用状況調査の理念　66

中国における言語の多様性と言語政策
周慶生
73

1. はじめに —— 中国における言語政策の「主体性」と「多様性」　73
2. 「主体多様」言語政策とその受容　76
   - 2.1. 建国時期の言語政策　76 ／ 2.2. 文化大革命時期における言語政策　83
3. 改革開放下の言語政策　87
   - 3.1. 普通話の等級標準化　88 ／ 3.2. 少数民族言語文字の規範化　89
4. 国家通用言語文字法の公布とその実施　92
   - 4.1. 『言語法』の主な原則　93 ／ 4.2. 『言語法』の実施　94
5. 現代中国の言語政策とその実施　95
   - 5.1. 方言使用の実態　96 ／ 5.2. 少数民族言語使用と二言語教育　97

おわりに　100

言語の危機と言語の権利
——付録：中国危機言語データベース基準（案）
範俊軍
107

少数民族の言語危機と言語人権についてに　107
  - 1. 危機言語の歴史趨勢と現実的緊迫性　107 ／ 2. 危機言語と言語生態学の視角　109 ／ 3. 危機言語の保護の人権視角　111

付録：中国危機言語データベース・デジタル基準（案）　118
  - 1. 中国危機言語データベース・デジタル基準説明　118 ／ 2. 中国危機言語データベース・デジタル基準　121

潮州語、温州語、そして播州語
――その現状と言語多様性のゆくえ

寺尾智史
153

1. 45年前の、そして45年後の『タイからの手紙』――バンコクから　153
2. 温州語のネットワーク――世界に散らばる商用リンガ・インテルナ　157
3. 90年後の『方言矯正方案』――華僑／華人を受け入れた側の言語再考　167

新疆ウイグル自治区における漢語教育と検定試験
――HSK、MHK の比較分析から見た政策変容

王瓊
173

はじめに　173
1. HSK 体系について　174
　　1.1. HSK の定義　174 ／ 1.2. HSK の構造　176 ／ 1.3. HSK による「民漢兼通」の新基準　179
2. MHK 体系について　180
　　2.1. MHK の定義と内容　181 ／ 2.2. MHK の構造　183 ／ 2.3. 構造からみた MHK の動向――「民漢兼通」の最終的な意味　186 ／ 2.4. MHK による新たな「民漢兼通」基準の設定　187
おわりに　189

あとがき　言語意識の危機

石剛
193

まえがき
今、なぜ危機言語か

石 剛

　本書は、成蹊大学アジア太平洋研究センターの研究助成金を受け、センター叢書としての出版であります。3年の間、「中国の危機言語と言語政策」というテーマで、現地で多くのフィールドワークを行い、度重なる研究会を開き、研究者同士の交流などを通して多くの新たな知見を得ることができました。このたびは、共同研究者、研究協力者ならびに翻訳を担当してくださった各位のご尽力により、なかんずく三元社社主石田氏から寛大な配慮を得て、ようやく刊行の運びとなりました。ここで関係者の皆様に心からお礼を申し上げます。
　現代中国における「危機に瀕する言語」、「少数言語」および「言語政策」に関しては、すでに多くの先行研究が現れており、その歴史的な様相についても考察されてきています。しかし本論文集で見られるように、現実的問題として看過できない、現在進行中のその緊迫した意味と、とくにその背後にある言語観の問題点については、まだ十分に認識されているとは言いがたいのであります。つまり、言語生活事情と社会言語意識の深層に、どのような歴史的蓄積があり、そして今日まで引きずってきているものとは何か、一体その現実的な意味とは何か、ということを研究過程において身に染みて感じているところです。それらを明らかにすべく、本書に収められた各論文は、異なる角度からアプローチを試みています。こうした共通する問題意識の下

で、題材と視点は違っていても、取り上げられた研究対象の背後から、何か感じ取ることができるでしょう。

執筆者のなかには、長期間中国の言語調査、言語政策制定・研究の中枢機関、あるいはそれに近い部署に身を置いている人もあれば、もっぱら少数言語の生存状況に関する実態調査に身を捧げている者もいます。さらに、精力的に少数言語の保護、復興および言語多様性に関する研究をして来られた学者もいます。経歴と立場の違いを超えて、中国における言語文字の多様性と、それだけに余計に目立つ危機に瀕する言語たちの置かれている状況に対し、深い人文的思考と倫理観に基づき、言語政策・言語意識をめぐる考察が行われています。各論文を比較しつつその相互関係性を留意してご覧いただければと思います。

膨大な資料と歴史的事実の前で、本論文集の研究はまだ不十分であることは言うまでもありません。しかし、現実を見ればわかるように、少数言語の継承・保護に限って言えば、国語（中国では国家通用言語である「普通話」という）を前に、地域の少数言語、少数民族の言語など、その家庭内での継承を始め、学校でも社会の各場面でも、そのすべてが不可能になりつつある状況は、厳然たる事実のようであります。これらを前に、どのような態度をとるべきで、どこまで抵抗できるか、また先住民言語や継承言語、危機に瀕する言語や少数言語の数々、それらを言語復興の方向に導くために、どのような具体的なプロセスが考えられるかは、まさに真摯に検討すべき事項でしょう。

そこに見逃せないものとしては、ほぼ無批判的に受け入れられてきた、近代性の象徴でもある「国家意識」または「ナショナリズム」の影響です。それは実に深く浸透しており、言語意識の基底をなしています。言語に関する意識は、この意味において、言語政策と言語計画、言語教育と言語に関する立法など、すべての問題の核心に位置するものとして、さらに注意深く追及されていかねばならないと思われます。

本書の各論によって示された研究成果は、今後の研究の一里塚となるでしょう。ここに示された方向性に沿って、より多くの研究が結晶され、さら

に力強く推進されて、深まっていくことを願ってやみません。その場合は、危機言語そのものと、言語意識の危機に関する認識が広く人々に浸透することが要になるかもしれません。言い換えれば、こうした問題群はすなわち我々自身の問題であり、生物多様性の理念とともに、言語多様性の指標が多言語社会へと繋ぐ道標として、人類社会の生存に密接に関連していると言えるでしょう。

言語意識と現代中国と

石 剛

1. はじめに

　2014 年から 2015 年にかけて、海外研修を機会に、28 年ぶりに中国に 1 年間滞在することができた。現地で毎日新鮮な情報に接し、フィールドワークも思うとおりにできた。そのうえ、複数の学会や研究会、国際学術シンポジウムに出席しては、研究者たちと切磋琢磨を重ね、交流が深まった。社会言語学の分野に限って言えば、一昔前の様子とは大きく違い、各領域で最新の理論と情報がいち早く紹介・導入され、議論のできる共通した話題も格段に増えた。今後、有意義な学術交流がますます深まることは期待できる、と楽観的に予測すらしてしまった。しかし一方で、こと言語意識の問題になると、まだ根深い障壁が残されているとも感じており、時には掴みようのないもやもやとした気持ちにもなり、その隔たりの大きさに愕然とした時もあった。

　その間に、言語政策の角度から実情に対する観察、言語の変化、言語生活における新旧語彙の移り変わりなどに関する記述・描写はいずれも重要なことでありながら、それ以上に、現実に見落としてしまいがちな人々の内面にある言語意識にまつわる諸問題について、より関心を高めるべきではないかと考えるようになった。言うまでもなく、言語意識の問題を究明すること自

体は困難を極めるだろうし、無謀かもしれない。しかし努力の第一歩として、実際に行われている施策や言説に対して批判を加え、その建前の部分と、背後にある心の意識の部分に光を当てることは、あながち無意味ではなかろうとも考えた。まず、近年中国における言語政策の転換と、社会言語学研究の状況と言説、さらに政策実施過程に発生した諸問題をめぐって、初歩的な検討を試みたい。

2. 「語言生活派」というブランド

　中国では昨今、言語政策や言語計画に関する話題が熱い。「言語生活」をキーワードに、注目すべき動きが次から次へとあった。その中で、『中国語言戦略』(教育部語信司・南京大学編集)の発行を皮切りに、定期刊行物の新規出版許可制限が厳しくなっている中で、『語言戦略研究』(2016年創刊、商務印書館)、『語言政策規劃研究』(2015年創刊、北京外国語大学 国家語言能力発展研究中心編集)、『語言政策与語言教育』(2015年創刊、上海外国語大学中国外語戦略研究中心編集)など、言語政策・言語計画研究を掲げる専門誌がいずれも2014年から2015年にかけて立て続けに創刊されており、センセーショナルな話題になっている。さらに2015年6月に、「中国語言学会語言政策与規劃研究会」が正式に立ち上げられたことに加えて、「言語戦略」「言語政策」「言語生活」などをタイトルに掲げた学術会議、各種レベルの国際シンポジウムも数多く開催され、会議のラッシュの様相を呈していたのである。

　2006年に第1回『中国語言生活状況報告』(教育部・国家語言工作委員会主導、言語生活緑書)が商務印書館から世に送りだされた。そもそもこの「言語生活」という言い方は、日本語から輸入されたものであった。それは1948年に日本国立国語研究所設立した当時に、「科学の方法で国語と国民の言語生活を調査、研究する」という趣旨の文言から借りてきたとのことである[1]。

---

[1] 郭熙 (2016)「語言生活研究十年」『語言戦略研究』第3号、商務印書館。

その趣旨の説明にあったのが、1951年の福島県白河市言語生活実況調査や、1971年の松江における敬語使用に関する24時間調査資料分析などが例として挙げられた。2006年以来、この『中国語言生活状況報告』という報告書は、すでに10冊出版され、これに因んだ「言語生活派」と自称した当該「学派」の歴史も、10年目に突入したと誇らかに宣言されている[2]。

この「言語生活派」という「ブランド」は、現在中国の社会言語学研究状況または言語政策関連事項を観察する時に、いくつかの意味において注目すべき存在である。まず、その実績からいうと、『中国語言生活状況報告』という緑書[3]を始め、重要な著作物、論文や出版物などに、その研究成果が多数掲載され、有力で、第一線で活躍している研究者の多くがそのメンバーに入っており、『中国語言生活状況報告』の執筆陣だけでも優に80名を超えているのである。第二に、「国家語言工作委員会」という言語権力の中枢に支援され、研究・発表・出版の主導権を握っている。第三に、国家言語権力の資源をほしいままに使い、若手の養成学校（語言文字応用研究優秀若手学者訓練班）を開き、17もの国レベルの研究基地・機構を設立したうえ、いくつかの大学で新たに言語政策・言語計画の博士課程をも新設したのである。第四に、国から大量に「科研経費」を取得し、「科研経費」全体の一割が、この「言語生活派」がかかわる重点プロジェクトによって占められることとなった。第五に、政府言語関係担当の最高権力機構である「国家語言工作委員会」、出版社（商務印書館）、大学、研究機構の合同協力システム構築に成功し、プロジェクトの立案、会議の企画、研究者の養成など、ほぼすべての面で組織化されている。

このように、言語政策策定の中枢から、研究者の組織まで、現在の中国言語政策及び社会の言語生活研究に関しては、この「言語生活派」を抜きにしてはもはや何も語れない状況になっているのである。

---

2 『中国語言生活状況報告2015』商務印書館、2015年10月、p.20。
3 「白書」などのように政府機関の報告書の表紙の色で呼称しているもの。

3. 社会言語学研究の今日的状況

　社会言語学という学問が中国に紹介され、広く知られるようになったきっかけは、1980年に出版された陳原の『言語与社会生活』と『社会言語学』（1983年）によるものであった。出版してまもなくの時であるが、大学隣の本屋で、偶然に見つけたこの二書を手にした時の新鮮な感動と驚きは、今でも強く脳裏に焼き付いている。それまでにこの言葉を耳にしたことすらなかったからである。それから4半世紀経った2006年前後に、社会言語学の研究ブームがここまで盛んになるとは、当時において到底予測できなかった。その中に特筆すべきは、この年に『中国語言生活状況報告』という報告書が世に出てきたことであり、これが一つの象徴的な事件と言えるだろう。なぜなら、中国の言語生活の全般的状況は、この書によって初めて系統的に記録・整理・報告されたのであり、全国の言語使用に関する詳細な基本データと情報を、時系列に出し続けてきたからである。

　2015年10月に出版された『中国語言生活状況報告2015』を見てみると、その中で、2014年一年間の言語に関連するほとんどの事項が網羅的にまとめられており、全容が分かるように配慮されている。概括的でありながら、必要に応じて詳細に記述している部分も要領よく配置してあった。報告書は8つの部分と付録からなり、それぞれ1、特稿、2、特集、3、国家機関の政策立案と仕事内容、4、各分野別の総合記述、5、ホットな話題編、6、文字と語彙の新たな変化と使用状況、7、台湾・香港・マカオ地域の言語生活状況、8、参考編として、世界の言語生活に関する記述、となっている。ちなみにこの『中国語言生活状況報告』はすでにドイツの著名な出版社より英語に翻訳され、第3巻まで出版されている。韓国語版も近いうちに出版されることになっている[4]。

　現在、中国で言語政策の研究・立案において最も重要視されている概念を中国の学術検索エンジンである『中国知網』のデータに基づき、その使

4　『中国語言生活状況報告2015』商務印書館、2015年10月、p.394。

用頻度の順位に従い、次の 10 の言葉が選出されている（カッコ内の数字は、『中国知網』でのヒットの回数を表す）。1、「言語生活」（97 万 3912）、2、「言語資源」（48 万 2190）、3、「言語サービス提供」（46 万 3404）、4、「言語安全」（23 万 9317）、5、「言語保護」（22 万 8610）、6、「言語産業」（10 万 6913）、7、「国家の言語処理能力」（3 万 1969）、8、「言語戦略」（9 万 6663）、9、ダイナミズム語彙バンク（570）、10、「言語実態」（495）[5]。こうした語彙群に象徴されている新しい理念は、いずれも改めて定義し直されたうえで使われているもので、それらを十分に吟味することによって、現行言語政策の傾向と指導部の思惑を把握することができるかも知れない。

　同じ『中国知網』のデータを頼りに、2006 年『中国語言生活状況報告』創刊以来 10 年の間に公表された言語生活言語政策の関連論文・調査報告・文献資料及び創刊された雑誌などを調べてみたところ、実に 2743 点にも上っているという結果が出た。中で多くの比重を占めるものは言語生活そのものに対する調査・記述などであった。都会から農村、辺境から国境をまたぐ地域まで、言語調査の内容と課題も日増しに精密になってきている。一方、ネットなどのバーチャル言語使用、新語、流行語、外来語等に関する調査も最初から注目の的であった。その中から次のような特色が現れている。

　まず急速な都市化途上にあるだけに、都市言語調査は新しい分野として脚光を浴びるようになった。移住住民の言語使用状況、都市内の新旧区域言語調査、商業地域や工業地域、農民工居住地域、外国人居住地域などの言語調査、大型会議の使用言語調査をめぐり、数多くの報告書が提出されている。

　次に、辺境地域の言語問題が重要視されるようになった。『少数民族語言使用状況与変化研究』（戴慶厦 2010）、『新時代中国少数民族語言使用状況研究叢書』（商務印書館）もそうであったが、『中国辺境地域語言状況叢書』も近いうちに出版する運びとなっている[6]。それ以外に、危機言語の調査、記録、保護研究も推進されており、特に危機言語の保存に関する研究及び言語デー

5　同上書、p.16-18。
6　郭熙（2016）「語言生活研究十年」『語言戦略研究』第 3 号、商務印書館。

タバンクの設立に関する研究が重点的に行われている。

最後に、言語生活実態調査としては、大規模ダイナミズム語彙バンク（DCC）を活用しながら、流行語や新語の追跡調査を行いリアルタイムで公表を行った。社会の各界からは広く反響を得ており、受けいれられている。

言語生活以外に、もう一つ重要なテーマは、言語計画と言語政策に関するものである。言語の主体性と多様性原則は理論的に認められてきたことと、言語を資源として考え、言語生活の調和が重要だという原則も広く受け入れられてきたことである。また、海外の華人地域における中国語の使用・継承・教育などにも関心がもたれ、調査の視野に入っている。さらに毎年行われている流行語、新語、ネット用語のランキング発表などは「言語習俗」とまで呼ばれている。日本にもあるように、その年の漢字、その年の言葉と流行語の選出が行われているが、こちらでは、政府レベルの主導とマスコミの協力で大々的かつ、国の伝統文化の宣揚と結び付けて行われ、年々盛んになってきたようである[7]。

その中で、政府側によって特に強調されているのが、「言語戦略」「国家言語能力」「国家言語安全」などのスローガンである。言語問題を国家戦略として扱うこと、研究者に対して、まず「家国情懐」、つまり国に対する忠誠心を持つようにと呼びかけることが、その言語意識に表れた最も顕著な特色と言っても過言ではない。

近年代表的な刊行物としては、先に挙げた『中国語言生活状況報告』以外にも、陳章太主編の『語言規劃概論』（2015年、商務印書館）を始め、言語戦略関係の論文も多数発表された。なかんずく趙世挙主編の『語言与国家』（2015年、商務印書館）という本は、国家レベルの重点プロジェクトの成果として、国家資金援助のもとで華々しく世に問われた。目次だけを見ておこう。1、言語と国家地位、2、言語と国家安全、3、言語と経済発展、4、言語と技術創造、5、言語と社会文明、6、言語と文化建設、7、言語計画と国家発展、8、言語と政府イメージ、の全8章からなるものであった。以上のよう

---

[7] 『中国語言生活状況報告2015』商務印書館、2015年10月、p.257-290。

に、目次から大まかにその内容の傾向が想像できるかも知れないが、さらに加えて言えば、本の裏表紙に大きく次のようなスローガンが印刷されてある。曰く、「言語——無形の戦略武器」「言語——巨大な資源宝庫」「言語——新興科学技術のエンジン」「言語——治国の重要道具」と、ある[8]。実はこの本から受けた刺激もあり、言語意識の問題を取り上げるきっかけの一つとなったのである。

　言語政策をめぐる理論と実践が大々的に取り上げられて議論され、国からの研究助成金などの資金援助がつぎ込まれた。おびただしい量の論文と著書が現れた近年の状況から見ても分かるように、議論の参加者の中からは、極端なまでに言語の役割を強調してはばからない言説が目立ち、閉口させられたものもあった。現代中国史のどの時期においても、このような現象はかつて見たことがない。

　なぜ今という時に、言語生活・言語政策問題に対してこれだけ空前なる関心が持たれたのかを考えるとき、これには中国の現在の言語施策面だけでなく、国全体の行政方針の転換の重要な一面を反映していることに由来していると思われる。この動きの背後に、第18回党大会以来習近平新指導部の下で、それまでと異なるかじ取りの方向性が微妙に表れているのではないか、と考えられる。これからの進路について、発想様式と方針転換の一端をそこからも読み取れそうであり、「国家言語戦略」と、「国家言語能力」が何よりも強調されていることは、もっとも注目に値する部分であろう。

　その一方、研究者によって、次のようにも指摘されている。「今までは中国では言語観に対する研究が極めて少ない。あっても言語態度や言語アイデンティティに偏り、言語意識・言語偏見と差別・言語的危機感などの問題に関心が示されていない。これらがいずれも調和的言語生活構築に不利である」と、今後の研究方向性の転換を促している[9]。

　言語意識の問題が、ますます重みを帯びてくるなか、現行の言語政策を検

8　趙世挙主編（2015）『語言与国家』商務印書館。
9　郭熙（2016）「語言生活研究十年」『語言戦略研究』第3号、商務印書館。

証し、特にその実施にかかわる多くの問題点を言語意識の角度から追及することで、それにまつわる重要な問題点が見えてくるだろう。そればかりではなく、政府にとっても民衆にとっても、言語政策の背後に隠されている本質的なものとは何かを明らかにしなければならないだろうと思われる。

4. 言語政策発想の転換

　1956年、国務院により「漢字簡略化方案」発布に関する決議、および「普通話を広めることに関する通達」という二つの重要な政府通達が発布された。その50周年にあたる2006年という節目に、一連の記念行事が行われ、その中で、中国政府言語政策の中枢機関である「国家語言工作委員会」は、新しい政策構想を公表した。時の国家語言工作委員会主任である趙沁平は、2006年11月に、「言語文字の応用研究を強化し、調和的言語生活の構築に努めよう」という講話を発表し、政策目標である「調和的言語生活」を実現するためには、次の8つの方面の問題を円満に解決することが必要と指摘した。それは、1、普通話と方言の関係、2、各民族言語の関係、3、母語教育と外国語学習との関係、4、危機言語保護問題、5、中国語の海外伝播と国内の言語文字問題の関係、6、台湾と大陸との言語生活交流問題、7、世界の華人居住地域の言語問題、8、バーチャル空間での言語文字問題、などである。同委員会前副主任である李宇明は、この「調和的言語生活の構築」という方針に触れて次のように説明している。「言語文字工作の目標を、言語生活の調和を促進するところに置くということは、言語政策が新たな段階に入ったことを示している。……それは、政府の管理するのが、もはや言語そのものではなく、言語生活ということになる」、と[10]。

　このように、2006年という時点で、中国言語文字政策は大きく方向転換したことが分かる。解放後の文字改革（簡略字）・ピンイン文字制定・普通

10　李宇明（2010）『中国語言規劃論』商務印書館。

話(法的に決められている国家通用言語)普及という主要な目標から、言語生活の質を重視する方向に転向したのである。

ただし、1956年以来の文字改革(簡略字)・ピンイン文字制定・普通話普及を中心にした言語政策は、言語そのものに対する計画的管理と改革であるのに対して、言語生活に対する「政府の管理」という概念は、より政治学的か、社会学的な概念であり、その包含する内容もより広いようである。先の8項目の内容は全般的に政治的社会的に言語にかかわっていることを網羅しており、その上に、より強力に普通話の普及に努めること、漢字の研究整理、関連する基準の制定、漢字の情報処理研究及び文字の基礎と応用研究、社会調査と諮問・サービス提供などを内容としている。ここから見ても、国家による「言語そのもの」から「言語生活」への「管理」という転向は、どのように言語に対する認識を変えさせ、どういう意味をもつのかに関して、行政側の意識の変化をさらに追及していくべきであろう。

2001年1月1日から実施された「中華人民共和国通用語言文字法」では、「国家の通用言語と文字」は「普通話と規範漢字」であると明確に規定されていた。それと同時に、第8条では、「各民族はみな、自分の言語と文字を使用し、それを発展させる自由がある」とも決めている。少数民族の言語文字使用に関しては「憲法、民族地域自治法とその他の法律による」と示されている。こうしてみると、法律の条文からして、少数言語も、国家通用言語も、等しく法的な地位が確保されてはいるが、実際はどうだろうかというと、事情がさらに複雑となる。少数民族地域における「民考民」「民考漢」[11]の問題にも象徴されているように、少数言語に関する言語政策の度合いにより、民族感情と言語アイデンティティに響き、敏感な問題が引きおこされる可能性もある。そこには国家安全保障にかかわる重大さもあり、だからこそ少数民族地域での言語政策と言語教育問題は常に中央政府と、地域当局者の神経を高度に緊張させるものである。これらの要素は、法律レベルの問題と言語

---

11 本書所収、王瓊「新疆ウイグル語自治区における漢語教育と検定試験——HSK、MHKの比較分析から見た政策変容」を参照。

政策レベルの問題、さらに言語意識レベルの問題とをつき合わせて綿密に考察されなければならず、そこに集中的に言語政策の政治学的側面が映し出されているのである。「調和的言語生活の構築」という新たな方針を打ち出した背後には、こういう配慮もあったはずである。

こと民族関係、民族自治など重大な案件に関しては、国務院に「国家民族事務委員会」という別の専門部署が設けられているほどである。少数民族地域自治という原則のもとで、少数民族に関する政治、経済、教育、文化、法律などすべての事項の管理にかかわる仕組みとなっている。その業務の一環として、「少数民族の言語文字」政策と教育問題の管理も担当している。教育部所属の「国家語言工作委員会」と並行して、互いに連携しながら別の角度から少数言語の問題にかかわっている仕組みである。これについては、本書に収められている周の論文を参照されたい。

5. 言語政策の実行過程に見る諸関係

国レベルで言語政策を打ち出してから、いかにしてそれらを確実に実行に移すか、さらにそれが実行可能なものかどうかを、注意深く観察すべきであって、そこに反映されている諸問題に、対応する必要がある。しかし中国の場合、地域の広がりということもあり、実情に応じた具体策の検討が往々にして疎かになる傾向がみられる。「国家語言工作委員会」の政策は、原則的な部分について大まかに決めているのだが、各地の、たとえば省の言語工作委員会なども同じような論証をしている。結局原則論に終始して、一見して高度に一致しており、何ら問題もないようだが、実際に実情に合うかどうかは却って別問題となる。そのために、次のような事例が現れてくる。

三峡ダム建設のために、100万人以上のダムの工事にかかわる住民の移動が国だけの主導でほかの地域に分散して送り込まれることになった時に、移民言語の問題、つまり送り先での言語生活に関しては、各地域の言語委員会などで事前に何らかの調査と方言地域に関する検討がなされないまま、住民

の移動のノルマ達成を優先してしまった結果、移住先での言語衝突、そして移民が移住先から逃げて戻ってしまうような事態があった[12]。また、少数民族地域での学校教育では、憲法などの上位法律の決まりがあるのにも関わらず、地方の行政部門で別の法規を立てて、少数民族言語の授業時間を削るなどして、それに起因したデモや紛争が起こってしまった、というような事件もあった[13]。

　このような現象があった深層原因として、一つ考えられることは、言語意識の問題以外に、文化的伝統と風土に起因があったのかも知れない。中国では、「皇権不下県」、または「皇権止於県政」（皇帝の権限は県レベルまで）、という言い方がある。ほかには、「天高皇帝遠」（権力の中枢から離れているだけにその管轄を受けない）などの言い方もある。長い歴史の中で、果たして「皇権止於県政」というまとめ方がすべての時代と王朝の事実に通用するのかというと、必ずしもそうとは言えない。異なる時代はまったく反対の例証はいくらでもあるからだ。ただ、ここに一つの真実は隠されている。つまりたとえ現代でも、秦以来2000年以上続いてきた中央集権制のもとで、極めて広範囲で、統治の一元化と地方の多様性という矛盾が厳然として存在していたのである。形式こそさまざまであるが、中央集権の表象とはうらはらに、その矛盾はどうしても避けられないものであった。それを引きづってきた現在の中国では、「上有政策、下有対策」という言葉が端的にこのことを表している。この言葉の意味は、上から指令と方針が下りて来ても、下の方でそれを形骸化する手段はいくらでも持っているということである。このような状況では、政策が紙の上または口先だけにとどまり、意味を持たなくなることがしばしばである。それゆえ、実際に政策を実行する各クラス（省・市・県・郷など）の役人の言語意識と政策理解は、常に決定的になる。政策の調査をするときに、このようなことを忘れてはならない。このため、政策の実行過程を考えるときに、次の二点が必ず留意されなければならない。

12　趙世挙主編（2015）『語言与国家』商務印書館、p.163。
13　同上書、p.273。

1、制度と体制的な側面、それに政策自体に対する考察。2、最底層までの下級幹部を含めた行政関係者（官僚）の言語意識を確認することである。

6. 言語政策と言語意識

　観察者の立場の違いにより、その観察された結果も結論も異なることがある。言語政策の対象である言語そのものに対する認識も例外ではない。前にも触れたように、広大な国土を有する中国という風土と慣習の中で、上層から下りてきた政策の真意を理解したうえで、主体的立場と意識をわきまえながら、それぞれ置かれた部署の具体的状況に合う最善の実行手段を独自に編み出すことは、大変困難である。この場合もまず問われるのは、彼らの言語意識の問題である。

　それぞれが置かれている立場の違いを如何に乗り越えていくかという問題を常に意識しなければならないのである。立場の相違により、政策の施行を巡り、全く異なった解釈をしたり、具体的な手法と措置なども逆にとられてしまったりすることもありうる。これについて、言語政策研究で知られているフロリアン・クルマスも指摘していた。彼は言語政策を考案するときから、言語の経済的な利益だけではなく、その情感、文化、政治の側面も十分に考慮に入れるべきだと説いた[14]。

　言語認識に関して、立場の相違がもたらした結論の違いの例として、「良い言語とは何か」という問題に対し、経済学の立場からすると、基準さえ決めれば、言葉は道具であるから、同類のものと比較することが当然可能だという態度がとられる傾向に対し、言語学の立場に立つと、言語を道具と見立ててしまうような考え方は取らないはずだとクルマスは指摘した。言語学からすれば、あらゆる具体的な言語は人類言語の1つであり、人類進化の結

14　クルマス（2015）「On the Nexus of Language and Economy」『中国語言戦略』2015年第1号、南京大学。

果に過ぎず、その基礎も素質も同じはずである。ある歴史的な段階ではその素質の現れ方が違っていても、それにより言語の優劣を判定すること自体は意味をなさないと考える。なお、たとえば「言語に基準を設けるべきか」という問題についても、経済学的立場からと、言語学的立場から出された結論がはっきりと異なるものとなる。言語の基準化により、経済的なプラス効果がもたらされるとする経済学的見方がある一方、言語の多様性と変異性こそその本来の姿であって、言語の変化こそがその想像力と生命力の源であるとする言語学の立場があるのである。

　こうして折衷できそうもないような見方のあいだに立って、クルマスによれば、言葉は極めて複雑な非物質的システムであり、人間が交流するための記号の規則であり、それに対する研究は学問領域を超える視点が必要だと主張した。しかし、異なる視座からの観察を乗り越え、言葉の人類生存にとっての意味を洞察することは、極めて困難であると言わざるを得ない。特にそれが政治・歴史・文化とかかわった場合はなおさらである。言語の経済的な価値を重要視して、言語の商品化と外国語教育の市場化に伴い、言語の同質化がますます図られている現在では、クルマスの言葉を借りれば、言語政策のもたらす「目に見えない価値」、たとえば教育の進歩と後退、生活への満足度、社会の調和または緊張の度合い、などを捉えなければならないであろう。

　このように、立場の違いを乗り越えられるかどうか、という問題を前にして、言語観の問題とともに、特に言語政策の決定者に対して、より高い倫理観が求められてしかるべきであろう。そこから我々は何か示唆を受けることがなかろうか。もしあるとすれば、それは言語に対する観察の視野を広めることと同時に、その言語意識の持ち主の倫理的部分に光をあてることが必要であるように思われる。

7. おわりに

　中国の社会言語学研究は、先にも触れたように、急速に盛んになってきている。こうした現象とはうらはらに、言語意識の面では大きなひずみが潜んでいると指摘した。本文においてこの問題をどこまで検証できたかについては、はなはだ心もとない。その理由の１つとして、今までこの問題は提起すらされてこなかったのであり、それを論ずるにはより詳細な資料と多くの実例が必要となるからだ。ただ、明らかになっているのは、今後はより多くの人がこの問題に気づき、関心を持つようになることが期待できるということである。そのために、意識の更新が急務である。なぜかと言えば、この問題は平穏で健全なる、中国式に言えば、「調和的」言語生活を構築する上ですでにネックになっており、無視できなくなりつつあるのである。

　グローバル化のなかで、「先端的」な理論と普遍的価値のある人文精神は、学界・政界を経て、広く民衆の中に伝わってきており、言語意識の変革が求められている。言語政策には、人文科学と社会科学の二重の要素が含まれており、それと同時に、極めて緊密に人々の個人的経験と生活にも関連している。その政治学的側面と、政策決定者の言語観に見られるような、哲学的・人文学的な側面が表裏一体となり、それにかかわるすべての者へ、高い倫理観が求められている。歴史的に見ても、たとえばかつて植民地での言語統制のように、当時からも様々な試行錯誤をしてきた。その根底にあるものには、おおよそ人間による差別と偏見、既得権益の固執と他者への強制・無視など、総じて人権への侮蔑という思想的系譜が読み取れるのである。しかしながら、今日においても、果たしてこうした発想が絶滅したのかというと、必ずしもそうではない。言語的少数者、弱い立場にある人々の心情に、困難ながらもいかにして近づいていくことができるかは、広く関心の対象とならなければ、真の調和的言語生活も望めないに違いない。

　2014年6月6日に、国連ユニセフと中国教育部が共同で主催して、蘇州で「世界語言大会」が開かれた。大会のコミュニケにおいて、言語能力（母語能力と多言語使用能力をふくめて）を高めることと、母語による教育計画、

二言語併用教育計画と同時に、とくに少数言語と少数民族の言語保持と伝承は、公正なる世界のために大きな意味を持つと高らかに宣言している[15]。多言語教育理念の真髄も人類の尊厳と多元的文化、相互包容と言語的多様性の重視に基づいている。こうした新人文主義の内容をより広く浸透させるために、ここで提起した言語意識の問題に正面から取り込まなければならないであろう。

---

15 『中国語言生活状況報告2015』商務印書館、2015年10月、p.57-58。

危機言語の認定と保護

黄　行

1. 国家言語と民族言語

　言語の存在と発展は、その社会的機能によって決められる。言語の社会的機能について、コミュニケーションの道具とか思考（認知）の道具として考えられているほか、文化的資源と民族の権利でもあるとされている。その文化的資源と民族の権利としての性格は、民族言語グループ（ethnolinguistic group）の同一性を認知するところに現れている。

1.1. 言語同一性と同一言語の認知

　「言語同一性」と「同一言語の認知」の英訳はどちらも「identity」であり、その訳し方から見れば両者は密接な関係を持っていることが明らかである。国際的に、「通じ合える言語」であることと、「同一言語」としての話者からの認知が、同一言語を認定するときの2つの要件となっている。たとえ通じ合っていても、話者から同一言語であるという承認がなければ、同一の言語にはなれないからである。この意味から言えば、同一言語として認知されるということは、言語の「通じ合える程度」よりも重要な要件と言えよう。
　中国における言語の数について、中国の学界と国際的組織との間で意見が

一致していない。中国の学界は約130種の言語が存在すると主張するのに対して、国際的組織などでは約300種あると認定した。これは言語や方言に関する認定基準が異なるためである。

　言語は民族構成上の重要な要素であるとされている。一般的に言うと、1つの民族には、その民族を代表する主要な民族言語があるはずである。しかし、中国では、1つの民族の中で多種の言語が使用されているケースがあり、主要な民族言語以外に、多様な言語を使う場合もある。さらに、こうした多種多様の言語を使っている民族には、その主体となる民族言語がまだ形成されていないというケースも少なくない。いくつかの例を見てみよう。

　（1）チベット族は主にチベット語を使うが、地域や集落によって、白馬語、扎語、ギャロン（嘉戎）語、拉塢戎語、尓龔語、尓蘇語、木雅語、貴琼語、却域語、扎巴語、納木依語、史興語なども使う。

　（2）ロッパ族は博嘎尓語、義都語、蘇龍語、崩如語を使う。

　（3）メンパ族はメンパ語（ツォナメンパ語）、倉洛語（倉洛メンパ語）を使う。

　（4）チンポー（景頗族）は地域によって、チンポー語、カチン語、浪速語、波拉語、勒期語を使う。

　（5）ヌー族は怒蘇語、柔若語、阿儂語を使う。

　（6）ヤオ族はヤオ語、ブヌ語、拉珈語、バホン語、トンナ語、優諾語を使う。

　（7）ユーグ（裕固）族は東部ユーグ語、西部ユーグ語を使う。

　（8）新疆モンゴル族の中でごく一部分の人はトワ語（図佤語）を使う。

　（9）雲南省文山州地区の一部のイ族は標準語、布賡語を使うが、富寧県の一部のイ族は末昂語を使う。

　（10）文山州の一部のチワン族はブヤン（布央）語、拉基語を使う。

　（11）思茅地区の一部のラフ族は毕蘇語を使う。

　（12）盈江県の一部のアチャン族は仙島語を使う。

　（13）景洪市の一部のハニ族は桑孔語を使う。

（14）金平県の一部のタイ族は布芒語を使う。
（15）通海県のモンゴル族は卡卓語を使う。
（16）貴州省黔南州の一部のマオナン（毛南）族は伴僥語を使う。
（17）茘波県の一部のプイ族は莫語を使う。
（18）麻江県一部のムーラオ（仫佬）族はムーラオ語を使う。
（19）広西百色地区一部のコーラオ族は倈語を使う。
（20）那坡県一部のヤオ族はブヤン（布央）語を使う。
（21）湖南綏寧県一部のヤオ族は巴那語を使う。
（22）海南三亜市の回族はカイキ（回輝）語を使う。
（23）青海尖扎県の回族は康家語を使う。

などのようである。

　ある言語はかつて独立した言語であったとしても、解放後の民族認定の時に、他の民族に組み入れられたために、もとの言語もその民族の主体的言語に合併され、その主体言語の方言となってしまった場合がある。例えば、昆明禄勧県で傈坡族だと自認した人々の言葉は、所属が不明と考えられていたが、リス族に繰り入れられると、傈坡の人の言葉は、リス語の禄勧方言とされてしまった。しかし、傈坡の言葉は雲南怒江地区のリス語と通じ合わないものである。同じく雲南玉溪地区新平県の苦聡人は、ラフ族に繰り入れる前に、その言語が所属不明であったが、ラフ族に認定された後、苦聡語がラフ苦聡語の方言とされてしまった。

　このように、民族内部における多言語状況のため、言語は民族構成の重要な構成要素とはいえ、実際には、民族と言語の関係がかなり複雑である。このため異なる状況にある言語とその使用群体によって、所属民族と言語の同一性に対しての意識も、大きな差異が存在していると言えよう。

1.2. 国家言語

　「普通話」は中国の法定国家共通語である。知識や情報の伝達に最も重要

な道具である。『国家通用言語文字法』の規定によると、普通話は中央と地方政府の行政、学校教育、マスコミとサービス業などの領域で使われる公式の言語である。さらに、政治経済、科学技術文化などの知識情報もほとんど国家通用言語文字で伝達され、応用される。国家通用言語と文字を習得しなければ、平等かつ十分に国家と社会の諸活動に参加できない恐れがある。「方言はもはや共通語の役割を果たすことができなくなっている」という学者もいる（周振鶴2008）[1]。

　統一的かつ規範的な国家共通語は近代化を推進する上で、不可欠なものであり、中国では、それが「普通話」である。世界の先進国では、共通語や行政用語の普及は早いうちに完成されたようだが、中国では方言地域および少数民族地域において国家通用語の普及度は、まだ近代国家の水準まで達していない。したがって、「普通話」を普及させるには、まだ長い道のりを歩まなければならない。

　しかし国家通用語の主な機能は、文化的役割を果たすわけではない。宋・元代以降、北方の話し言葉を基盤とした白話文が現れた。明・清時代に政治、経済、文化が広まるとともに、北方方言と北京方言の発音を基礎とした「官話」は、全国で通用する言語になった。辛亥革命以降の「国語運動」と「新文化運動」を通して、「官話」の地位が強化され、形式も規範化され、「国語」と命名されることに及んだ。新中国成立以降、1955年の全国文字改革会議と現代漢語規範問題学術会議において、普通話の音声、単語、文法の規範が制定され、現代漢民族の共通語と決めた。2000年以降、「普通話」は「国家通用言語」へと昇格した。「普通話」は方言を超えて、人為的に、規範化作業を通して作られて標準語となったものであり、国民の誰一人としてこれを自然な母語とする者はいない。「官話」から「国語」へ、そして「普通話」から「国家通用言語」へ、この過程は、「共通語化」の過程であると同時に、「西洋化」の過程でもある。共通語の語彙・アクセント・文法の構造は古い時代の漢語とは大きく変化したことによって、中国の伝統文化を表

1　周振鶴（2008）『从方言認同、民族語言認同到共通語認同』、文汇报。

現・伝達・伝承する機能が制限されているのである。現に、様々な伝統的な口頭伝承の文化遺産の類は、いずれも方言か、少数民族の言語によって保持され、伝えられており、「普通話」では伝えられないのである。「中国の無形文化財法」（2011年）においても、「無形文化財」に認定された第一ジャンルの「伝統的な口頭文学とその伝承言語」とは、伝統的な口頭文学を記録・伝承する機能を有する各種の民族言語や方言だと規定されている。

1.3. 民族言語

中国では、漢語の方言と少数民族言語が人々の母語であり、言語共同体の母語同一性は、その社会の同一性を認定する基準として重要なシンボルの1つとなる。ただし、言語の置かれた状態によっては、言語共同体の同一性認知態度にも影響を与える可能性が高い。少数民族言語に、優勢にたつ言語と劣勢にたつ言語、民族の主体言語と非主体言語、複雑な言語環境にある言語と単純な言語環境にある言語など、それぞれ状況が違う。それらの条件は、いずれも言語の同一性認知に影響を与えている。優勢にたつ言語、民族の主体言語、単純な言語環境にある言語は、より同一性の認知がされやすいのである。

1.3.1. 優勢にたつ言語と劣勢にたつ言語

言語の優勢と劣勢は相対的なものである。例えば、内モンゴルのモンゴル語や新疆のウイグル語やチベットのチベット語などは、いずれもその地方の強勢言語であるにもかかわらず、国家共通語と比べ、劣勢言語になってしまう。そのため、地方的優勢言語は、往々にして言語地域での同一性のシンボルとして現れる。例えば内モンゴル、新疆、チベットで公布された自治区地方的法規や条例では、いずれも自治区民族言語の法的地位と使用権利を強調する姿勢を示しており、すなわち国家通用語と同様の地位にあることを強調するものになっている。そればかりか、両方の言語を同時に使う時に、自治地域の少数民族言語を優先的に使うことができるとすら規定されている。

優勢言語には通常内部と外部の区別があり、外部言語のレベルと内部方言レベルとは、異なる場合がよくある。例えば、チベット語の話し言葉の方言には大きな差異があり、うまく通じ合わない場合が多く、書き言葉も完全に同じではない。そのために、チベット語の標準語を定めるときに、やむをえず対外的に、とりあえずラサの方言をチベット語の標準語と確定したが、チベット語の内部には他にも方言が存在しており、それぞれの方言が独立性を保持している。似たような例はほかにもある。四川省政府によって規範化されたイ族語の文字は、対外的にはイ族語の文字を代表するものとされたが、他に方言が存在していることで、イ族語の各方言地区では共通の書き言葉とすることができない。

　劣勢に立つ言語はその使用機能が衰退している傾向があるが、そのためか、その言語同一性に対する認知度は逆に高くなってくる。中国では多くの少数民族言語が劣勢に立つ言語であり、危機言語も少なくない。これらの言語同一性を認知するのが、その民族の文化に対する認知となりうるが、その言語のコミュニケーション機能に対する肯定ではない。危機言語の保護は、世界的課題として注目されているが、そもそもそれは危機言語のコミュニケーション機能を高めるという目的からではなく、言語集団の母語同一性意識の尊重を高めるためにあるのである。

1.3.2. 少数民族の主体言語と非主体言語

　少数民族には、民族を代表できる主体言語がある一方、民族内部に支系、つまり枝分かれした集団などでは、主体言語以外の言語も使われている。これらの非主体言語の使用者の母語同一性に対する認識には、大きな差異が存在している。

　以下で3種類の異なる言語を取り上げて説明しよう。
1. 母語を認知するとともに民族の主体言語も認める
　モンゴル族の約2900人のトワ支系は、新疆喀納斯湖付近の多民族雑居区に住んでいる。特にカザフ族との往来が緊密で、トワ人はトルク語族のカザフ語も上手に使用できるのである。つまり、トワ・モンゴル族は地元のカザ

フ語に対して、適応性を図るためにそれを道具として受け入れている。一方、トワ人の家族で、また生徒たちは、モンゴル族とモンゴル語の学校を優先的に選び、主体言語であるモンゴル語を勉強する傾向が強い。モンゴル民族文化の同一性認知が鮮明に現れている（侯豫新2010）[2]。

2. 集団内部の言語に差異がある

　四川省涼山州の約1万人のチベット族ダルソ（尓蘇）人は、同じダルソ（尓蘇）語を使っている（方言の違いはある）が、民族グループと言語文字に対して、異なる認知態度を示している。一部のダルソ人は、チベット族に編入されることに賛成するのに対して、一部のダルソ人は、チベット族との差異が大きいので、独立した民族として認定してもらいたいと主張する。言語文字の側面から見ると、この2つのグループは、ダルソ語とチベット語の特徴とダルソ人のサバ絵文字と経書チベット文章を例にあげて、各自の主張の証拠として強調している。この意味で、言語文字は民族の重要な文化内容として、ダルソ人の民族帰属意識と認知態度に大きく影響を与えている（巫達2005）[3]。

3. 各支系は、お互いに母語を認めず、主体民族言語をも認めない

　青海省同仁県のトゥー（土）族は五屯語とボウナン語という2つの言語を使っている。しかし、その社会文化的機能に限界があり、その上に同族異語、族源（民族の出自）が多次元などの原因があることで、異なる言語を使うトゥー族集団の間には、相互に同一民族としての認知度が高くなく、同族意識が弱体化している。一方、彼らはチベット語やチベット文化に強く影響されているので、学校教育を始め、寺院・社会コミュニケーションはほとんどチベット語を使用している。そういうわけで、地元のトゥー族は、チベッ

---

[2] 侯豫新（2010）「从「双語教育」看文化接触和文化認同」西南民族大学学報、2010(3)。

[3] 巫达（2005）『尓苏語言文字和尓苏人的民族認同』中央民族大学学報、2005(6)。

ト語やチベット文化に対する帰属意識が強くなっている（王远新2009）[4]。

　多種類の言語を使う民族には、民族の主体言語が形成されにくいため、民族の母語に関しては、異なる認知態度が示されるのである。一般的に、これらの民族は族内の他支系の言語態度は、その支系の言語を兼用するかどうかによって決定されている。お互いに認める言語の実例は、チンポーとユーグ族が挙げられる。これは2つの民族が長期的に融合していることと関係している。例えば、チンポー族は主にチンポー語とカチン語を使っている。この2つの言語はそれぞれチンポー語とビルマ語の支系に属していて、それぞれ文字を持ち、差異が大きすぎて互いに通じない言語である。しかし、2つの支系の間で言語を兼用するという現象は、昔からよく見られる（戴庆厦2011）[5]。ユーグ族は東部ユーグ語と西部ユーグ語を使っている。ユーグ族の人は主に甘粛省粛南県に住んでいる。ユーグ族は他支系の言語を尊重し、兼用もして、特に現地で強い影響力を持つ漢語とチベット語も習って使う（王遠新1999）[6]。

　言語同一性が高くない民族として、ヌーとヤオ族をみよう。ヌー族は、ヌーソ語、柔若語、阿侬語という3支系の言語を使っている。この3支系の言語は他の支系の言語と通じないが、かなりの人たちが地元通用のリス語や漢語を受け入れ、兼用している（孫宏開1994）[7]。同じくヤオ族はヤオ語、ブヌ語、拉珈語などをそれぞれ使っている。ヤオ族の言語は少し劣勢の言語であるので、チワン語や漢語などほかの部族の強勢言語を兼用しているが、多くのヤオ族は、民族内の他の支系言語がほとんど話せない（毛宗武等1994）[8]。ヤオ族言語が劣勢になった原因は、使用する各種言語の社会的機能

4　王远新（2009）『青海同仁土族的語言認同和民族認同』中南民族大学学报、2009（5）。

5　戴庆厦（2011）『云南徳宏州景頗族語言使用現状及其演変』北京：商務印書館。

6　王远新（1999）『論裕固族的語言態度』語言与翻訳、1999（2）。

7　孙宏开（1994）怒族語『中国少数民族語言使用情況』北京：中国藏学出版社。

8　毛宗武、蒙朝吉、郑宗泽、ヤオ、プヌ（1994）拉珈『中国少数民族語言使用情況』北京：中国藏学出版社。

が不足しているほか、別の支系のヤオ族と共同生活していないことや、民族融合の過程もないことと大きく関係していると言える。

1.3.3. 複雑な言語環境と単純な言語環境にある言語

　数多くの民族がブロックごとに住んでいるので、多くの民族の言語は多民族言語環境に置かれている。このように言語の使用範囲や使用程度はかなり限られるにもかかわらず、母語に対する同一感を強く持っている。彼らの母語は、ほとんど所属民族の主体言語ではないが、使っている多種類の言語（母語、民族主体言語、区域通用言語、国家通用言語）に対して、さまざまな態度を取る場合がある。彼らは母語や民族の主体言語に、文化と民族の同一性を見出す傾向があると同時に、国家や区域通用言語を、実用性や適応性を図るための道具と認めている。

　漢語環境に囲まれる少数民族言語は、満洲語、ホジェン語、オロチョン語、トウチャ語、コーラオ語、ショオ語などが挙げられる。これらの言語を使う集団には、歴史の発展につれ、ますます漢語を使う人が増加してきた。これらの言語を使う集団の周りには主に漢語使用者が住んでいて、他の少数民族言語が存在せず、比較対照できる言語がないためである。そのうえ、言語共同体と他の共同体との間に、その違いを確認するインタラクティブが不足していることもあり、母語への認知度が低い状況を示している。その結果、兼用する漢語のレベルが母語を超えてしまい、ついには母語を使わなくなる人も出た。例えば、満洲語、シボ語、エヴェンキ語、オロチョン語、ホジェン語は、いずれもマン・ツングス語族に属しているが、言語環境が違っていることにより、その危機程度と母語への認知度も違ってくる。満洲語、ホジェン語、オロチョン語は主に漢語の環境に置かれているが、シボ語、エヴェンキ語は多民族言語環境にある。そのために、これらの言語は、その危機程度も違っており、母語に対する認知度もかなり差異を示している。危機程度が最も高い少数民族の言語のほとんどは、この部類に入る。このことからも、言語環境と言語の同一性認知は、言語の活力保持に大きな影響を及ぼしていることが分かる。

1.3.4. 母語を放棄した民族の言語

　母語を放棄して、他民族言語の使用へと移行した民族は、母語同一性認定には無縁のように思われやすい。しかし、言語は、民族、宗教、政治に対して、記号性と敏感性があり、母語観をも反映する。このことによって、特にインテリ、幹部、宗教関係者の母語認知態度と言語行為は、特殊な形で現れる。

1. 回族は漢語を通用語として使っているが、その使われている漢語の中に、多くのアラビア語やペルシア語が混じっている。このように外来語の使用に特色がある「回族漢語」という変体は、一定の程度において、このような言語で民族のアイデンティティを強化している（宋启元等 2009）[9]。回族の人は広範囲に散在しているため、異なる漢語の方言と少数民族の言語を使うが、どんな地域の方言を使っていたとしても、回族は一致した宗教民俗用語を使っている。この宗教民俗用語こそ、回族同士のコミュニケーションとアイデンティティの印となっている（尹世玮 2011）[10]。
2. 学界において、99パーセントのショオ族は、すでに漢語客家語の使用に移行していると見なされ、広東省増城、博罗などの地域で約1000人あまりのショオ族しか、ミャオ・ヤオ語族のショオ語を使っていないとされている。しかし、近年では一部の学者と一部のショオ族幹部がこれに対して異議を唱えている。彼らは、ほとんどのショオ族のショオ語は、客家語によく似ているだけであって、本当は漢語とも客家語、またミャオ・ヤオとも違い、それが一種の東南地域の古い言語であると主張している。さらに、広東省増城、博羅に住んでいるショオたちが話すショオ語が、ショオ族の母語であるという資格をも否認している（傅根

9　宋启元等（2009）『从回族語言看其民族認同』陇东学院学报、2009 (4)。
10　尹世玮（2011）『回族用語調査比較』南開大学博士学位論文。

清 2003）[11]。勿論、この二つの観点は学術上での議論であるが、母語同一性認知の影響も否認できない。
3. 雲南玉渓市通海県興蒙郷のモンゴル族が使っている卡卓語は、歴史上、転用されたイ語の支系言語と言われるが、卡卓人はモンゴル族への帰属意識を持ち、民族主体としてモンゴル語を認知している。1980 年代では、内蒙古からモンゴル族の教師を招聘し、現地でモンゴル語を教えるようになったが、この母語回復計画は、卡卓語とモンゴル語との差異が大きすぎるため、実際の使用機能を持てなかったので、中止された。それでも現在、卡卓人は重大な祝日や祝いの行事では相変わらずモンゴル語でスローガンなどを書いている（単江秀 2008）[12]。

このように、同一言語への認知は、言語の構造と語族属性とは関係がなく、言語のコミュニケーション機能と話し手の民族所属とも直接的に関係しない。エスニック構築論からすると、同一言語であるという認識は、往々にしてそのグループ自身と、他者認定との間のインタラクティブによる結果であり、言語やその言語共同体自身だけに対する認知ではない。言語共同体の同一性認知は、言語のコミュニケーション機能と衝突する時、民族言語共同体の同一性認知は、より重要な位置を占めるであろう。

1.4. 国家言語と民族言語への帰属認識

どのような多民族多言語の国にも、民族同一性への認識と国家同一性への認識、民族言語同一性への認識と国家言語同一性への認識という問題が存在する。

現在では、その問題に対して一種の誤った考え方がある。それは、民族言

11　傅根清（2003）『从景寧畬話的語音特点論其与客家話的関係』山東大学学報、2003（5）。
12　単江秀（2008）『論語言文化的生態平衡系統』宜賓学院学報、2008（8）。

語を強調しすぎると、国家言語同一性への認識に影響を与える恐れが出てくるため、民族意識を弱めさせると同時に、国家言語意識を強化すべきだという主張である。これは中国で根強く存在しているというのが現状である。しかし、そのような考え方は逆効果を引き起こす可能性が高い。

　実は、中国の言語生活の中で、少数民族は国家公用語の普及に対して、ずっと肯定的な態度をとっている。一方、少数民族の言語は、国家公用語と比べて、劣勢の立場に置かれているだけに、劣勢言語共同体においては、自分自身の言語文化に対する同一性認識という意識が鮮明に表われる場合が多い。その民族言語の同一性への帰属意識を、十分に尊重すべきであり、そのコミュニケーション機能とか経済的価値などを基準に考えるべきではない。そのためにも、必要な政策法規を整えて、巨大な行政的、経済的な代価を支払っても、少数民族言語の地位を保障すべきである。

2. 危機言語の基準

2.1. 危機言語

　ユネスコの危機言語専門家グループが、2003年に発表した『言語活力と危機言語』(UNESCO, 2003) [13] という報告では、言語活力と危機言語を測定する際の指標として、下記を挙げている。

1. 言語の世代伝承（intergenerational transmission language）
2. 言語を使用する絶対人口（absolute number of speakers）
3. ある言語を使用する人の、全体人口に占める比率（proportion of speakers within the total population）
4. 言語使用ドメインの進路（shifts in domains of language use）

---

[13] UNESCO Ad Hoc Expert Group on Endangered Languages: Language Vitality and Endangerment, Paris, 2003.

5. 新しい分野とニュー・メディアへの適応性（response to new domains and media）
6. 言語の教育材料と読み書き資料（materials for language education and literacy）
7. 政府と機関の言語態度と言語政策（言語の政府側の地位と使用を含む）（governmental and institutional language attitudes and policies, including official status and use）
8. 母語に対する言語グループメンバーの態度（community members' attitudes towards their own language）
9. 言語文献の記録の類型と質（type and quality of documentation）

そのうち、最も直接的に危機言語の程度を表す指標といえば「言語使用の絶対人口」であり、ある言語使用の絶対人口が少ない状態になると、他の言語活力の指標も極めて危機状況になる。

中国国内で現存の110種類の言語のうちに、使用人口が1万人に満たない言語は、次の通りである。

5000～1万人（14種の一般危機言語）：拉塢戎 Guanyinqiao、勒期 Lashi、莫 Mak、バオアン Bonan、ロシア Russian、貴瓊 Guiqiong、却域 Queyu、扎巴 Zhaba、コーラオ Gelao、倉洛 Tshangla、納木依語 Namuyi、卡卓 Kaduo、末昂 Mo'ang、浪速 Lhaovo、カイキ Huihui（Tsat）

1000～5000人（23種の深刻な危機言語）：優諾 Younuo Bunu、サリク・ユドル West Yugur、ミラ・ユグル East Yugur、博嘎尔 Boga'er Luoba、布干 Bugan、図佤 Tuvin、柔若 Zauzou、克木 Khmu、オロチョン Oroqen、史興 Shixing、毕蘇 Bisu、桑孔 Sangkong、堂郎 Tanglang、ブヤン Buyang、巴那 Bana、ウズベク Uzbek、戸 Hu（寛 Khuen、空格 Kon Keu）、門巴 Moinba、達譲 Darang Deng、ケイナ Jiongnai、ショオ She、タタール Tatar、克蔑 Kemie

200～1000人（10種の極度の危機言語）：莽 Mang、布高 Buxinhua、倈（巴琉）Bolyu、康家 Kangjia、波拉 Pela、阿儂 Nung、格曼 Geman Deng、義

危機言語の認定と保護　　33

都 Yidu Luoba、拉基 Lachi、布芒 Bumang；

0〜50 人（8 種のすでに消滅した言語あるいは消滅恐れのある言語）：仙島 Xiandao、普標 Laqua、蘇龍 Sulong Luoba、哈卡斯 Khakas、満洲 Manchu、ホジェン Hezhen（Nanai）、木佬 Mulao、羿 Yi。

つまり、中国大陸のおよそ半分ぐらいの言語は、程度こそ違うが、すでに危機的状態に瀕しているのである。

2.2. 言語の認定基準

中国の正式な発表と公の文献では、通常 56 の民族が、約 80 種類の言語を使っていると発表されている。しかし、学界ではまだ定説がなく、一部の著書では、中国（大陸と台湾を含む）の言語数が 130 種類ほどあるとしている（孫宏開等 2007）[14]。

2.2.1. 国際機関の中国言語認定状況

国際的権威のある機構（例えば、UNESCO）では、世界言語の総数は約 7000 種類あると発表されている。これは、SIL international の統計データに基づいたものである。

SIL International は、*Ethnologue, languages of the world* という本を編集しており、4 年ごとに再訂された *Ethnologue, Languages of the World* では、2005 年までに世界 6912 種類の言語を収録している（Jr. Raymond G. Gordon 2005）[15] この中で、中国大陸にある 236 種類の言語、台湾にある 26 種類の言語が収録されており（官話と閩南語と客家語が含まれた）、中国（大陸と香港、マカオ、台湾の地域）の言語は 259 種類の言語があるとしている。さらに、2013 年度版では、中国の言語数量は 300 種類を超えて、その数量がおよそ国内学界が識別した中国言語の 2 倍か 3 倍になっている。

14　孫宏開（2007）「中国的語言調査」孫宏開等主編『中国的語言』商務印書館。

15　Jr. Raymond, G. Gordon（2005）*Ethnologue, Languages of the World*, Dallas.

中国言語の数量について権威的な文献の統計データ

文献	中国言語数量
《中国大百科全书》1988	80種類ぐらい
《中国語言地図集》1987/2012	82種類/131種類
《中的語言》2007	129種類
Ethnologue, Languages of the World 2005/2009	259種類/302種類

　すなわち、SIL Internationalは、多くの中国の学者が方言と地方なまりとして判断したものを、独立した言語として認定している。その言語と方言の区分標準が国内学界と違うことになる。*Ethnologue, Languages of the World* のその序論部分では、「言語」と「方言」について下記の具体的な区分基準で説明している。

1. 2種類の言語を使う人は、もしもう1つの言葉を学ばなくても、自分が持っている母語の知識だけで互いに理解できる場合、通常に同じ種類の言語の中の2つの方言と見なす。
2. お互いの会話で通じ合える程度が低くても、共同の書面文献があり、または共通に理解できる中心的方言があるほか、同一の民族であると認知している場合、同一言語内部の2つの方言と見なすことができる。
3. 違う言語の間には、お互いの会話は通じ合う程度が高くても、民族言語の同一性認知が明らかに違う場合、違う言語と見なすべきである。

　このように、Ethnologueは、「言語」と「方言」を区分するのに、主に2つの標準を示している。

1. 会話できるレベル（即ち相互理解度、intelligibility）、言語内部の方言は高い相互理解度を持つこと。相互理解度を持たない場合は、独立言語と見なすべきである。
2. 話し手は、2種類の民族言語グループ（ethnolinguistic group）に

		同一言語の認知度	
		＋	－
理解度	＋	同じ言語	違う言語
	－	違う言語。特定の場合は同じ言語だと見なせる。	違う言語

　　　高い相互理解度があっても、言語使用者は同じ言語ではないと否定する場合は、違う言語だと見なすべきである。

　相互理解度は必要条件であり、言語同一性への認知は十分条件であると言える。このように、民族言語同一性認知度は、最も重要な基準だと言わなければならない。ここで、次の４つの場合が挙げられる。

1. 会話ができると同時に、互いに同一言語と認知する場合、同じ言語である。内部方言の差異が小さい言語の場合に適する。
2. 会話ができないうえ、互いに同一言語としない場合、同じ言語ではない。
3. 会話ができるとはいえ、互いに同一言語と認知しない場合、違う言語である。例えば、アルタイ語のように、言語の相互理解度が高いが、民族言語の同一性への認知を欠けている言語に適する。
4. 口語で会話がうまくできなくても、特定の状況下で、同一言語への認知できる場合（たとえば共同の書記文献があり、あるいは互いに理解できる中心的な方言があることで、同一の民族言語として認知する場合）、同じ言語と見なす。例えば、漢語、チベット語のように、口語の差異が大きいが、共同の書記言語がある言語に適する。しかし、ミャオ語、イ語などのように、共同の書記言語がなく、中心的な方言もない場合は、違う言語と見なす。言語の理解度が非常に低い多数の漢・チベット語系の言語が共通の民族身分や、言語の歴史的関わりがあるだけという場合は、その違う地域の言語変異体は、同じ言語内の方言ではなく、違う言語と見なす。

2.2.2. 中国の学界の中国諸言語に対する認定

中国と国際学界との言語識別の基準には、大きな差異がある。中国の学界では、以下の標準に基づいて言語識別をしている。

1. 言語識別における民族の役割を重視する。中国での「民族」の定義によれば、共通の言語は民族を構成する際の基本的な要素の1つとされている。

    逆に、民族も言語を識別する時の重要なパラメーターである。そのため、1つの民族内部で多言語を使用している状況に対して、非常に慎重に対処する。そのほとんどの場合は、それらを同じ言語内の方言とみなしている。しかし、このような基準は明らかに言語学の基準ではない。そのため、外国の学者たちはよく中国の言語識別結果に対して異議を唱えている。
2. 同源語彙の言語識別における役割を重視している。同じ言語の各方言には、相当比率の同源語彙が必要である。その比率が低い場合は、別の言語とされてしまう。しかし、違う系統の言語における同源語彙の比率は隔たりが大きく、統一的な数量基準を制定することは不可能である。ゆえに言語内部の方言と言語外部の親族言語との境目は曖昧になりやすい。歴史言語学のカテゴリーである同源語彙の概念を、シンクロニックな言語と方言を区分する時の重要な根拠とすることは、中国民族言語研究の特有の方法であり、これも漢語方言研究は伝統音韻知識を参照して方言区分をするために歴史言語学の方法を取り入れているものである。
3. 言語類型学の基準を重視する。同じ種類の言語の各方言の間には、構造類型などは類似点が必要である。これが中国の漢語と少数民族の言語に対する方言区分の最も主要な方法と基準である。

2.3. 中国の言語グループと民族グループ

　言語グループ同一性認知は、民族グループの同一性認知（ethnic group identity）と関係しているようだ。民族グループの同一性認知に関しては、民族学界で見解の違いが大きい。民族グループは客観的な民族の特徴によって形成されているのか、それとも主観的な民族グループ同一性認知によって形成されたのか、というのが見解の分かれるところである。本質主義的な考え方または原初的な考え方では、共同の人種、血縁、言語、文化や歴史など、共通した特徴を持っているのが、民族グループの客観的な基準になると強調している。一方、構築主義や道具主義では、民族グループは客観的言語、文化や歴史などの特徴によって形成されたのではなく、自己と他者からの認知（self - ascription and ascription by others）のインタラクティブによって、形成された組織の形態であるという、主観的な基準を強調している。

　スターリンの民族に関する定義によれば、共通の言語は民族を構成する第一の要因である。中国では、言語グループの認知は、ほぼ民族グループの同一性認知と重なる。例えば、漢民族は漢語を使い、モンゴル族はモンゴル語を使い、チベット族はチベット語を使うというように。しかし、複雑な問題も存在している。民族グループの同一性認知でも複雑であり、言語グループの認知と取り替えることは不可能で、かつ堂々巡りの疑いがある。一致しない事例は以下の通りである[16]。

1.　言語の内部には異なる方言があると同じように、多くの民族内部では、異なる言語を使用する支系がある。その支系とされるものは、国内では同じ民族とされるが、外国では、異なる民族となる場合がある。

　例えば、チベット族のほとんどは、チベット語を使うが、一部の人は白馬語、扎語、ギャロン語、拉坞戎語、尓龔語 Horpa、尓蘇語、木雅語、貴琼語、却域語、扎巴語、纳木依語、史興語等を使っている。ロッパ族には、博嘎尔

16　邓建邦（2007）『部族与民族主義的理論反省』北京大学応用倫理学センター web。

語、義都語、苏龍語、崩如語を使用しているグループがある。メンパ族には、メンパ語（Moinba）使うグループと、倉洛語を使用するグループがある。チンポー族には、異なる支系ではそれぞれチンポー語、カチン語、浪速語、波拉語、勒期語を使用している。ヌー族の異なる支系では、怒蘇語、柔若語、阿儂語を使用する。ヤオ族の各支系では、ヤオ語、ブヌ語、拉珈語 Lakkia、ハコウ語 Pa-Hng、ケイナ語、優諾語を使用している。ユーグ族には、東部ユーグ語を使うグループと、西部ユーグ語を使用するグループがある。モンゴル族はモンゴル語を使用するが、一部の人がトワ語を使用している。自ずから異なると主張する高山族には、それぞれ泰雅語 Atyal、賽德克語 Sediq、賽夏語 Saisiyat、布農語 Bunun、邹語 Tsou、卡那卡那富語 Kanakanabu、沙阿魯阿語 Saaroa、鲁凱語 Rukai、排湾語 Paiwan、卑南語 Puyuma、阿美語 Amis、雅美語 Yami、噶瑪兰語 Kavalan、巴則海語 Pazeh、邵語 Thao など南島語系の諸言語を使うのも、この類である。これらの民族が使用している多種多様な言語は、一般的にいえば、異なる語群または異なる語派に属している。

　近年の詳細な調査によれば、一部民族の少数人口は、他の言語を使用し、また、新しく合併された民族支系はそれまでに知られていない言語を使用していることが明らかになった。例えば、雲南省文山州地区のイ族は普標語、布干語を使用している。富寧県の少数イ族は末昂語を使用している。文山州の一部チワン族はブヤン語、拉基語を使用している。思茅地区の一部ラフ族は毕蘇語を使用している。盈江県一部のアチャン族は仙島語を使用している。景洪市一部のハニ族は桑孔語を使用している。金平県一部のタイ族は布芒語を使用している。通海県モンゴル族は卡卓語を使用している。貴州黔南州一部のマオナン族は佯僙語 T'en を使用している。荔波県の一部のプイ族は莫語を使用している。麻江県一部のムーラオ族はムーラオ語を使用している。広西百色地区一部のコーラオ族は俫語を使用している。那坡県一部のヤオ族はブヤン語を使用している。湖南綏寧県一部のヤオ族は巴那語言語を使用している。海南三亜市の回族はカイキ語 Huihui（Tsat）を使用している。青海尖扎県の回族は康家語を使用している。

異なる民族支系は、方言を形成する要素でもある。例えば、昆明禄勧県で傈坡 Lipo と自称する人々は、リス族に繰り入れられる前に、その言語は所属未定とされたが、リス族に繰り入れられるに従い、傈坡の言語はリス族の禄勧方言とされた。しかし、雲南怒江地区のリス語話者とのあいだでは、全く話が通じない。雲南玉渓地区新平県の苦聡人は、ラフ族に繰り入れられる前に、その言語も所属未定とされたが、ラフ族に認定された後、苦聡語はラフ苦聡方言と見なされた。

2. まだ正式に民族身分がない民族グループの場合

例えば、雲南省シーサンパンナ州の克蔑人が使用する克蔑語、克木人が使用する克木語がある。景洪市の戸人が使用する戸語がある。勐臘県布興人が使用する布興語、金平県の莽人が使用する莽語、勐海県の毕蘇人が使用する毕蘇語、麗江地域の麗江ナシ族自治県・大理ペー族自治州剣川県の堂郎人が使用する堂郎語、チベット察隅県の僜人が使用する達譲語と格曼語などが挙げられる。

3. 同一言語を使用する民族グループが、所在地の違いにより違う民族として決められた場合

海南省のミャオ族は実際に勉語を使用している（この言語は広西省でヤオ族の言葉となる）。雲南貢山県のヌー族はトーロン語を使用している（トーロン江ではトーロン族とされるのである）。青海同仁県のトゥー族はバオアン語を使用している。四川黒水県のチベット族はチャン語を使用している。塩源県のチベット族は普米語を使用している。上述の雲南省文山州のブヤン語を使用する人は、チワン族に属する。広西那坡県のブヤン語を使用する人は、ヤオ族に属する。雲南思茅地区の毕蘇語を使用する人は、ラフ族に属する。シーサンパンナの毕蘇語を使用する人は、民族区分がまだ明確化されていない。

4. 少数民族言語を使用するグループは、自分が少数民族であると認めない。

例えば、海南臨高、琼山、澄邁、儋州などの一部の漢族は臨高語を使用している。昌江県、東方市の一部の漢族は村語を使用している。広東肇慶市の一部の漢族は標語を使用している。広西临桂県の一部の漢族は茶洞語を使用している。

5. 少数民族であると認知を持っているグループは、少数民族の言語を使用しない。
　中国において、少数民族人口は約1億であり、約半分近くの人が少数民族言語を使っていない。その中に、歴史上ずっと漢語を使っているものとして、たとえば回族がある。以前に自民族の母語を使ったが、後で漢語に切り替えたケースとして、例えば満族、ショオ族、土家族などがある。ほかに、一部の少数民族人口が実際に漢語を使用している（特殊な漢語方言）が、言語において少数民族の言語への帰属意識がある。例えば福建、浙江のショオ族はショオ語を使用し、湖南湘西瓦郷の人は、瓦郷語を使用する。広西、湖南の一部ミャオ族、ヤオ族と貴州毕節地域の穿青人の使用する言語などについて、研究の結果、彼らの言語はいずれも間違いなく漢語であり（中国古代の漢語と厳格に対応した）、少数民族言語の要素はなかった。しかし彼ら自身は漢語への帰属意識を頑なに拒否している。自分たちの使用言語によりアイデンティティの強化に努めており、他民族と区別をしようとしている[17]。

　このような複雑な状況であるから、グループの母語同一性認知は、民族認知の基準によって取り替えられないものだということになる。
　言語の構成は民族の構成よりはるかに複雑であり、1つの民族で2種類あるいは多種類の言語を使用している状況の中で、同一民族グループの人が同一言語グループに属していると認知しない可能性が高い。方言の差異が大きい言語も、言語同一性への認知をしない可能性はある。現代社会において、言語の兼用と言語取り替えという現象はますます広がっており、人々は一般

---

[17] 曹志耘（2008）『漢語方言地図集』商務印書館。

的にまず自分の母語への認知を優先にし、第二言語への認知意識は第二位となる。第二言語の使用が母語よりもっと熟練しても、または母語は全くできなくても、である。このように特殊な状況では、言語の心理的帰属意識は、言語の社会コミュニケーション機能と離れてしまっているのである[18]。

このように、言語の同一性への認知は、言語の構造自身とはあまり関係がなく、言語のコミュニケーション機能、話し手の民族帰属とも直接的に関係はない。民族グループ認知構築論からすると、言語の同一性への認知意識は、グループ自身と他者からの認定とのインタラクティブによる結果であり、言語または言語グループに対する認知ではない。それが言語のコミュニケーション機能と理解程度との間に衝突を生じた時に、民族言語グループに対する認知はより重要となる[19]。

2.4. 危機言語の認定と保護

2.4.1. 漢語方言

『中国語言地図集』(2012)[20]では、漢語の方言は10個の方言区域に分けられている。すべての方言区域以下は、いくつか違う方言ブロックと約100個の小さい方言ブロックに分けられている。この意味から、漢語は少数民族言語と同じく、豊富な多様性と言語の資源的価値があると考えられる。

国際標準化機構（ISO）が制定した世界言語コードにおいて、漢語の「官話」（Mandarin, ISO code: [cmn]、以下同じ）贛語（Gan, [gan]）、徽語（Huizhou, [czh]）、晋語（Jinyu, [cjy]）、客家語（Hakka, [hak]）、閩北語（Min Bei, [mnp]）、閩東語（Min Dong, [cdo]）、閩南語（Min Nan, [nan]）、閩中語（Min Zhong, [czo]）、蒲仙語（Pu-Xian, [cpx]）、呉語（Wu, [wuu]）、湘語

---

18 黄行（2002）「我国的語言和語言群体」『民族研究』。
19 徐大明、陶红印、谢天蔚（1997）『当代社会言語学』中国社会科学出版社。
20 中国社会科学院、香港都市大学（2012）『中国語言地図集』（2012版）商務印書館。

(Xiang, [hsn])、粤語 (Yue, [yue])、瓦郷語 (Waxianghua, [wxa]) など、独立したコードがあり、全て異なる言語となっている。かつ「官話」(すなわち普通話) 以外の漢語は、多かれ少なかれ危機に直面している。しかし中国では、これらは漢語の方言としか見られておらず、官話 (普通話) を代表とする漢語は、危機言語ではない。

近年、中国政府の言語計画 (教育部国家語言委員会 2012) においては、漢語の方言保護策を初めて打ち出した[21]。「中国語言資源音声データベース」を作り、普通話、漢語の方言、少数民族言語の音声データを調査収集し、整理・保存、開発、利用することにより、中国の漢語方言と少数民族言語の実態を科学的に保存するというものである。言語資源のデジタル化を強化し、言語資源の共同利用を促進し、その文化的価値と経済的価値を開発して合理的に利用するとしている。教育部国家語言委員会の実施している『中国語言資源音声データベースの構築』と『中国語言資源保護事業』では、いずれも漢語の方言を重要な保護対象としている。

多様性においては危機に瀕した漢語の方言を重要な言語資源として保護する以外に、域外の香港、マカオ、台湾及びシンガポール、マレーシアと世界各国の華人コミュニティ (社区) においては、広東語、閩語、呉語など漢語の方言を母語とするケースが多い。この意味では、漢語の方言保護と開発は、中国国内と世界各地の華人コミュニティとの社会的交流、言語コミュニケーションや文化の同一性認知などに積極的な効果があるのである。

2.4.2. 少数民族言語

中国の言語と方言、言語と民族の複雑な関係により、同時に多くの少数民族の言語が中国周辺の国にも分布している関係で、中国の少数民族言語アイデンティティには、3つのレベルに問題が存在している。これらの問題は危機言語の認定と保護に対しても重要な影響を与えている。

---

21 教育部国家語言委員会 (2012年12月)『国家中長期語言文字事業改革和発展計画要綱 (2012－2020年)』[2012] 1号文件。

1. 言語と方言の地位の違い

　中国の少数民族言語の識別、数量統計基準は、国際的なものと大きく違っている。中国では、1つの民族が使用する異なる言語をなるべく同一言語内部の方言として識別して定めるのである。しかし外国では、相互の言語が理解できないうえ、同一言語としての認知もないようなものを独立した言語と見なす[22]。そのために、国際組織の認定した言語の数は、中国のそれよりはるかに多い。中国では言語内部の方言としか見ていないものが、独立した言語とみられている。国際標準化機構はすべての言語に独立した言語コードを制定したのである。危機言語を保護する視角からみると、中国では言語内部の方言に対して、そのための専門保護計画を制定していない。例えば、1600万の使用人口があるチワン語は、2つの方言と十数種類の土着言語に分けられている。しかし、政府はその北部方言である邕北の土着語「武鳴チワン語」にだけチワン文字を制定した。しかしこのチワン文字は、他のチワン方言地域と土着語区域では使えないのである。

　中国と東南アジアの国境を跨ぐ言語を例として挙げよう。国外では44種が国境を跨ぐ言語として計上されているが、中国では、それらを29種の言語と言語内部の方言としか数えていない[23]。

2. 域内外での言語地位の違い

　中国と周辺諸国に共通に分布している言語は約50種類あり、中国国内言語全体の40%を占める。その中で、多くの中国少数民族言語は外国で主体民族の国語となっている[24]。

　中国の少数民族言語と域外国家の言語地位の差異は、言語の危機状況と政府の言語保護計画に大きな差異をもたらす可能性がある。その中で、モンゴ

---

[22] 李荣（1989）「中国的語言和方言」『方言』1989 (3)。
[23] 黄行（2007）「我国少数民族語言的方言画分」『民族国語』2007 (6)。
[24] 罗常培、傅懋勣（1954）「国内少数民族的語言和文字的概況」『中国語文』1954 (3)。

ル語、朝鮮語、カザフ語、キルギス語は、中国において、自治区あるいは自治州の地方政府の官庁言語となっており、一定程度利用されているが、ウズベク語、タジク語、ロシア語、京語（ベトナム語）、ブリヤートモンゴル語、カルムイクモンゴル語、タタール語（靼靺語）、図佤語、ハカスコルコズ語などは、使用人口がきわめて少ないということもあり、モンゴルのブリヤートとカルムイク方言以外に、民族自治区域を持たないので、いずれも危機的またはきわめて危機的状態に瀕している。

3. 少数民族の主体言語と非主体言語との関係

中国では、言語の数は民族の数よりはるかに多いので、1つの民族が多種の言語を使用することは珍しくない。多種の言語を使用する民族の中では、主体言語が民族の代表的な言語とされがちで、他の言語支系の言語が非常に軽んじられ、周縁化されてしまう。そのうえ、主体言語との同一性も認知されていない。多言語を使用する民族は歴史上、権威のある主体言語が存在せず、かつ各支系の言語は相対的に独立しており、民族の代表的な主体言語が形成されていない。メンパ族、ロッパ族とユグール族はこのケースに当たる[25]。

第1節に列挙されている55の中国少数民族言語の中で、保安語、オロチョン語、ホジェン語、ロシア語、満洲語、ショオ語、タタール語、ウズベク語など8種の言語は、その民族を代表する単一の主体言語である。ほかの46種の言語は、その民族の支系言語であり、使用人口が相対的に少ないので、言語の地位も周縁化された状態に置かれている。政府の少数民族言語保護計画は、一般的に主体民族言語だけに限られており、これらの民族支系言語は、軽視されがちで、一層危機的な状態に陥ってしまい、滅びる寸前となっているのである。

---

25 孫宏開「言語識別与民族」『民族語文』1988 (2)。

言語コード	域外言語	国内言語
[khg]	Khams チベット語（Tibetan, Khams）	チベット康方言
[hni]	ハニ語（Hani）	ハニ語
[aeu]	Akeu ハニ語（Akeu）	ハニ語哈雅方言
[ahk]	阿卡ハニ語（Akha）	ハニ語哈雅方言
[lhu]	ラフ語（Lahu）	ラフ語拉祜納方言
[lhi]	ラフ熙ラフ語（Lahu Shi）	ラフ語拉祜熙方言
[lkc]	苦聡ラフ語（Kucong）	ラフ語苦聡方言
[phh]	濮拉イ語（Phula）	イ語東南方言
[khb]	傣仂傣語（Lü）	傣語シーサンパンナ方言
[tdd]	傣哪傣語（Tai Nüa）	傣語徳宏方言
[cuu]	傣雅傣語（Tai Ya）	傣語紅金方言
[blt]	白傣語（Tai Dam）	傣語金平方言
[zyg]	Yang チワン語（Zhuang, Yang）	チワン語南部方言徳靖土語
[zhd]	Dai チワン語（Zhuang, Dai）	チワン語南部方言文馬土語
[zyn]	邕南チワン語（Zhuang, Yongnan）	チワン語南部方言邕南土語
[zzj]	左江チワン語（Zhuang, Zuojiang）	チワン語南部方言左江土語
[gir]	赤コーラオ語（Red Gelao）	コーラ語オ多羅方言
[mww]	白苗シャオ語（Hmong Daw）	シャオ語川黔滇方言
[hnj]	青苗シャオ語（Hmong Njua）	シャオ語川黔滇方言
[prk]	巴饶克ワイ語（Wa, Parauk）	ワイ語巴饶克方言
[ium]	优勉シャオ語（Iu Mien）	シャオ語勉方言
[mji]	金門シャオ語（Kim Mun）	シャオ語金門方言
[yue]	漢語広東語（Chinese, Yue）	漢語広東方言
[hak]	漢語客家語（Chinese, Hakka）	漢語客家方言
[nan]	漢語閩南語（Chinese, Min Nan）	漢語閩南方言
[cdo]	漢語閩東語（Chinese, Min Dong）	漢語閩東方言

言語	国語とする国	中国少数民族言語の存在地域
モンゴル語	モンゴル	モンゴル自治区
朝鮮語	朝鮮、韓国	吉林省延辺朝鮮族自治州
カザフ語	カザフスタン	新疆伊犁カザフ自治州
キルギス語	キルギス	新疆克孜勒蘇柯爾克孜自治州
ウズベク語	ウズベキスタン	新疆（バラバラしている）
タジキ語	タジキスタン	新疆塔什庫爾幹タジキ自治県
ロシア語	ロシア	新疆、黒竜江（バラバラしている）
ベトナム語	ベトナム	広西防城港市
ブリヤート語	ロシア連邦ブリヤート共和国	内蒙古海拉爾市
カルムイク語	ロシア連邦カルムイク共和国	新疆の二つの蒙古族自治州
タタール語	ロシア連邦タタールスタン共和国	新疆（バラバラしている）
トゥヴァ語	ロシア連邦トゥヴァ共和国	新疆伊犁哈薩克自治州4県
ハカス語	ロシア連邦ハカス共和国	黒竜江富裕県

民族	民族支系言語
チベット	拉塢戎語、貴琼語、却域語、扎巴語、纳木依語、史興語
ロッパ族	博嘎尔語、義都語、蘇龍語
メンパ族	メンパ語、倉洛語
イ族	末昂語、布干語、普標語
ハニ族	桑孔語
ラフ族	毕蘇語
ヌー族	柔若語、阿侬語
チンポー族	勒期語、浪速語、波拉語
アチャン族	仙島語
タイ族	布芒語
チワン族	拉基語、ブヤン語
プイ族	莫語
コーラオ族	倈（巴琉）語
ムーラオ族	木佬語
ヤオ族	優諾語、ケイナ語、巴那語
モンゴル族	卡卓語、図佤語
ユーグ族	西ユドル語、東ユグル語
キルギス族	カルス語
回族	康家語
民族身分のない群体	達讓語、格曼語、克木語、堂郎語、户語、克蔑語、莽語、布興語、羿語

3. 少数民族言語使用状況調査

3.1. 少数民族言語文字調査状況

3.1.1. 20世紀50年代

　1956年、中国は少数民族の言語に関する研究を発展させるため、12ヶ年の長期計画をたてた上、中国科学院少数民族言語研究所を設立し、少数民族に対して文字の改革と文字の創製を援助するという基本政策を確立した。その上、調査員700人からなる7つの調査チームを各地に派遣し、少数民族の言語の使用状況調査を実施した。この7つの調査チームは以下のように分けられた。

　第1工作チームは、チワン、プーイー、ノン、シャ（ノン、シャが合併されてチワンとなった）、侗、水家（現在は水と呼ばれる）、リ及びリ語族と近親関係がある言語について、調査を実施した。

　第2工作チームは、ミャオ族、ヤオ及びヤオ語族と近親関係がある言語

について調査を実施した。

　第3工作チームは、タイ族、リス、チンポー族、ラフ、ハニ、ワ族、民家（ペー）、ナシ、トーロン族、アチャン族、プラン、ペンロン族言語について調査を実施した。

　第4工作チームは、イ族方言について調査を実施した。

　第5工作チームは、モンゴル、ダウール族（達斡爾族）、ドンシャン族（東郷族）、バオアン族言語について調査を実施した。

　第6工作チームは、ウイグル、カザフ、キルギス、ウズベク、タタール、タジクの言語について調査を実施した。

　第7工作チームは、チベット、チャン、ギャロン、西番（プミ）の言語について調査を実施した。

　傅懋勣は、この段階の調査の成果を総括し、次のように指摘している。

> 1959年までに、49の民族の言語を調査し、その成果は以下の3つにまとめられる。
> 1. 同じ民族の中でいくつかの言語を使っているかどうかについて新たな理解ができた。
> 2. 方言のある言語に対して、その方言を区分する案を出した。
> 3. 言語の状況だけではなく、言語の使用状況と文字の状況についても調査した。[26]

　この段階の調査は大きな成果をおさめることができた。累計1500の調査箇所の資料を収集し、全ての調査箇所において、数千の常用語と、系統的な文法例文と、アクセント体系などを整理した。また、一部の調査箇所では、数多くの長編物語を記録した。これらの資料は少数民族言語の研究にとってはきわめて貴重な資料である。また、中国少数民族言語の分布と使用人口および使用状況、構造の特徴、内部の相違性、周囲の民族の言語との関係など

---

[26] 傅懋勣（1984）『建国三十五年来民族語言科学研究工作発展』民族語文、1984 (5)。

も明らかにした。さらに、言語と文字の関係を明確化した上で、その民族言語には文字があるかどうか、文字と口語との関連性はあるかどうか、まだ文字を持たない民族の文字問題について、文字づくりのための基礎方言と標準音について論証を行った。この全国民族言語調査の意義は次のようになっている。

1. 今回の全国少数民族言語調査は、少数民族言語の分布や使用状況の調査を主な任務としており、調査結果はこの分野の空白を埋め、民族区分をする際の重要な参考資料となった。
2. 少数民族の文字問題を解決するためには、文字を持っていない民族や文字の不完全な民族に対して、文字づくりと文字改革を提案し、全部で10の少数民族に16種類の文字方案、3つの少数民族に4種類の文字改革方案を立案した。中国科学院少数民族言語研究所が立案し提出した「少数民族の文字方案の字母設計に関するいくつかの原則」で、各少数民族の文字改革や文字創製については、原則として、ラテン文字を基礎とすべきであり、また、各少数民族の文字方案は、出来る限り「漢語拼音（ピンイン）方案」と一致させるべきであるとされている。これは少数民族言語特有の音声単位にそってアルファベットを設計する指導思想になったのである。これらの提案は、いずれも科学性、実用性と予見性も持ってだしたものである。少数民族言語のために、文字をつくり、そのために基礎となる方言の選択、標準イントネーションの決定を行った。

3.1.2. 20世紀80、90年代

1. 『中国少数民族語言使用情況』

中国社会科学院民族研究所と国家民族事務委員会文化宣伝課の研究成果として、『中国少数民族語言使用情況』[27]がある。その中で、全国各少数民族言

27　中国社会科学院民族研究所編（1994）『中国少数民族語言使用情況』北京：中国

語の分布とその使用状況が、言語の使用と機能の角度から各少数民族言語と少数民族自治区ごとに項目別でまとめられている。報告では、1949年新中国成立から20世紀80年代後期までの、民族言語政策と計画の実施状況及び少数民族言語使用の現状が全面的に反映されている。少数民族言語のある20の省区、30の自治州、113の自治県において、ランダムサンプリングで選ばれた民族言語使用者約10万人を対象とする調査が行われ、その基本的な内容は、プロジェクトグループが取得した一次調査資料に基づいて編集された。その中には、中国国内で使用されている60種類の少数民族言語と地域（自治区、自治州、自治県／旗）を綱目として、各少数民族言語と各民族地区の言語文字使用と発展状況について、行政用語、学校教育、文化宣伝、マスコミ、出版、民間活動など様々な領域が含まれている。少数民族の母語使用（単語と双語）について、サンプルデータから推計することで、全国の少数民族言語使用者に関する比較的正確で権威あるデータを提供した。それによれば、少数民族は依然として民族言語を日常的に用いていることがわかった。

　その後、改革開放政策が進められたことにともない、各民族言語間の交流が強化され、言語関係と言語の社会的な機能が大きく変化してきた。そして、少数民族言語自身の条件の制限と、少数民族言語使用の現実的な必要性により、一部の少数民族はその民族の単一言語使用から少数民族言語と漢語の2つの言語を併用するようになった。さらに、一部の少数民族は自分の民族言語を主に使用することから、漢語を主に使用するように移行したのである。中には、完全に漢語に移行した少数民族もあった。このような変化は、1949年新中国成立後、特に改革開放以後に見られたケースが多かったと記述している。この研究報告書に発表された少数民族言語状況の資料は学術界に大きな影響を与えた。

　藏学出版社。

2. 『世界的書面語:使用程度和使用方式概況(中国巻)』(『世界の書記言語:その使用状況と方式概況(中国巻)』)

　　中国社会科学院民族研究所とカナダのラバル大学国際言語企画研究センターの共同研究によって完成された『世界的書面語:使用程度和使用方式概況(中国巻)』は、中国の少数民族言語文字の使用状況を反映する社会言語学の大作である。この本の大きな特徴は、中国の民族分布と地域分布、使用人口、言語の使用状況、言語併用と転用の実態、二言語コミュニティ、言語規範、言語の法律的地位、及び行政、立法、司法、宗教、教育、出版、放送、製造業とサービス業など多くの社会的領域における言語使用の実態を、国際的基準にもとづく言語活力というパラメーターに基づいて調べたところにある。言語の使用に関する資料は主に民族地区の実地調査、または各種の年鑑、国勢調査資料、政府機構の統計資料、文献雑誌などで使用されている言語文字に関する資料である。『世界的書面語:使用程度和使用方式概況(中国巻)』は『中国少数民族語言使用情況』と比べて、内容の構成上似ているところもあるが、資料調査と説明方式に大きな違いがあった。前者は主にアンケート調査と定量的指標によって書かれている。

3. 『我国新創和改進的少数民族文字試験推行工作経験総結和研究』(『中国で創製・改良した少数民族文字の実験と普及経験および理論的探求』)

　　『我国新創和改進的少数民族文字試験推行工作経験総結和研究』(中国社会科学研究基金1995)は、国家民族事務委員会国語室、中国社会科学院民族研究所と雲南省、貴州省、湖南省の民族言語機構が共同で行った、少数民族文字の創製と改良に関する研究チームの作品である。調査チームは徳宏タイ語、チンポー語、ザイワ語、シーサンパンナのタイ語、ラフ語、ワイ語、ハニ語、川黔雲南シャオ語、黔東シャオ語、プイ語、トン語、湘西シャオ語など12の言語の試行を全面的に調査し、研究報告を提出した。各少数民族言語について、文字の創製と改良試行の過程を全面的に紹介し、民族地区小学校の二言語教育、非識字者の解消、新聞出版、マスコミの使用状況を重点的に調査した。同時にこれらの新しく作られた文字の地方政府、法律機関など、公的

場面と、民間娯楽、医薬、宗教などの民間活動の場合での使用状況を表していた。このプロジェクトの総括によれば、文字の創製と改良は良好な社会的効果をあげ、少数民族地域の幹部や民衆に讃えられているという。

3.1.3. 20世紀末
1. 中国における言語使用実態に関する調査

　この調査は中国の国民文化レベルの水準を明らかにし、教育、文化、科学技術、経済と労働人事などの政策制定に根拠を提供した。これが国勢調査時の言語文字使用状況の空白を埋めた。民族文字の規範化と標準化を促進するために1997年1月6日国務院134回総理会議では、この計画を認可し、1998年から中国言語文字の使用実態調査を実施することになった。

　今回の調査は、中華人民共和国国籍を持ち、中華人民共和国国内に居住する者（香港特別行政区の住民や台灣、マカオ住民は含まれていない）を対象とした。この調査範囲は、全国すべての省、自治区、直轄市であり、漢語の主要方言と少数民族言語文字の使用地域が含まれている。調査人口は全国の人口数の約1000分の1である。調査対象言語は、中国国内使用の普通話、方言、少数民族言語、外国言語も含まれた。調査対象文字は、中国国内で使用される簡体字、繁体漢字、ピンイン、少数民族文字、外国文字及び他の文字［訳注：新発見された言語や文字を意識しているのであろう］も含まれている。調査対象となる言語の範囲は、教育活動、公務活動、宣伝活動、日常的交際、情報処理などが含まれた。調査方法は個人調査と部門調査で、全国統一のアンケートで、制限時間内に、各省、地、県教育部門と言語部門が連携して実施された。アンケートは各省、自治区、直轄市教育部門と言語部門により集められ、パソコンソフトで先に分類統計を行った上で、言語文字の使用実態調査主管部門に報告された。

　この調査は、教育部と国家言語文字工作委員会の統括で、各地の教育部門と言語文字部門が連携し実施した。教育部、国家言語文字工作委員会、国家民族事務委員会、公安部、民政部、財政部、農業部、文化部、国家放送映画テレビ総局、国家統計局、中国社会科学院の関係担当者で中国言語文字の使

用実態調査指導チームを作り、そのチームの指導と調整で調査事業を始めた。やり方として、まず教育部と国家語言文字工作委員会が調査大綱を制定し、アンケート調査表を準備し、言語調査スタッフを訓練し、調査の仕事を指導しながら、現地監督をした。データを分析してから、言語文字使用状況調査報告を編集した。各省、自治区、直轄市教育部門と言語文字部門は地元の調査チームの訓練を担当して、初歩的な調査結果を分類し統計した。

　調査の内容に次のことが含まれている。

　全国で、普通話、漢語方言と少数民族言語を使い人と会話することができる人のそれぞれの割合

　全国で、市・鎮・村にて普通話で会話ができる人の割合

　全国で、男女別に、普通話で会話ができる人の割合

　全国で、年齢別に、普通話で会話ができる人の割合

　全国で、教育水準別に、普通話で会話ができる人の割合

　全国の各方言区で、普通話で会話ができる人の割合

　全国で、複数の交流場面に応じて最も頻繁に普通話を使用する人の割合。

2.　『中国新発現語言研究叢書』（『中国の新発見言語研究叢書』）

　20世紀50年代に、全国で言語調査が実施された。その調査の成果に基づいて、60種類の少数民族の言語誌を出版した。20世紀80年代以来、民族言語学の研究者たちは何度も辺鄙なところまで調査を行い、それまで知られていなかった少数民族言語を発見した。統計によると、発見された少数民族言語は120種余りにのぼっているが、数十種類の言語は話す人が減少しつつあり、消滅の危機に直面している。

　中国社会科学院と全国哲学社会科学計画指導弁公室の協力のもとで、1992年から、国内外の約100人の民族言語学の専門家が、30種に及ぶ消滅の危機に直面している少数民族言語の収集、整理、研究などの作業を行った。その研究成果に基づいて、『中国新発現語言研究叢書』が出版された。この叢書は、少数民族言語に関する専門的研究書であり、複数の民族内の、複数の支系に属する言語を取り上げている。その大多数は消滅の危機に瀕してい

る言語である。

3.1.4. 21世紀への展望
1. 中国言語資源音声データベースの開発

　完全に言語使用の状況を把握し、共通語の普及を加速し、言語文字情報化の構築を進め、危機に瀕している少数民族言語を整理、保護するために、2008年に国家語言文字工作委員会は「中国言語資源音声データベース」の設立に乗り出し、市、県を実施主体とし、国の標準及び規範に基づいて、現代中国の中国語方言や地方共通語と少数民族言語などの音声資料を整理して加工し、長期に保存し、将来の研究と開発に有効に利用することにした。

　国家語言文字工作委員会は北京語言大学、厦門大学、上海師範大学、中央民族大学、中国社会科学院言語局に委託して、標準語、中国語方言、少数民族言語の音声、語彙、文法、語編と地方標準語の調査表や調査規範を作成。言語調査記録をするためのレコーディングソフトとデータベースを用意した。中国言語資源音声データベースは原則的に県を単位で、1000単語音声、1200の単語及び50項目の文法のほかに、指定された言葉と自由に話された言葉などの音声資料を収録した[28]。

2. 中国の少数民族言語国勢調査研究

　2005年、中央民族大学の「中国少数民族言語国勢調査研究」研究プロジェクトでは、ジノー族、アチャン族、ダフール族などの使用人口の少ない少数民族言語の使用状況変化の特徴を、言語に関するフィールドワーク調査などの一次資料に基づいて、特定民族、特定地域の言語使用事例を調査研究して専門書として整理し、『新時期中国少数民族語言使用情況研究叢書』というシリーズを、今まで商務印書館から19冊出版している。この叢書の中の、

28　中国語言資源有声数据庫建設領導小組弁公室編（2010）『中国語言資源有声数据庫調査手冊』北京：商務印書館。

『中国少数民族語言使用現状及其演変研究』(『少数民族使用状況と変化研究』)[29]では、言語国勢調査についての論文23本が収められ、近年の国勢調査の成果が反映されていて、今後の言語国勢調査のために参考となるものだと言える。

3. 国境を跨ぐ言語の現状調査

2011年、中央民族大学では「中国の国境を跨ぐ言語の現状調査」プロジェクト研究を始まった。国境を跨ぐ言語は、言語が国境を越えて広がっており、独自の特徴を持っている。

中国55の少数民族のなかで、モンゴル、チベット、ウイグル、シャオ、彝、壮、プイ、朝鮮、ヤオ、ハニ、カザフ、タイ、リス、ワ、ラフ、チンポー、キルギス、ブラウン、タジク、ヌ、ウズベク、ロシア、エヴェンキ、トーアン、ジン、タタール、ドゥルン、ヘジェン、メンバ、ロッバなど30の民族言語は国境を跨ぐ言語である。この研究は新しい課題であり、過去の研究成果も少なく、多くの分野が空白のままである。

「中国の国境を跨ぐ言語の現状調査」は、中国少数民族言語の調査研究としては国内中心に行われた調査を海外に広めていき、国家の政策決定に信頼できる資料及び情報を提供した。

4. ユネスコの「アンケート調査：言語活力と多様性」[30]

ユネスコの委託を受け、2010年中国社会科学院民族研究所の専門家たちは中国国内のほぼすべての少数民族言語（100言語）に対して、その活力と多様性のアンケート調査を実施した。調査の内容は、世代間の言語使用状況、話者人口、言語使用領域、ラジオ、テレビやインターネットなどの新たな領

---

[29] 戴慶厦厦主編 (2010)『中国少数民族語言使用現状及其演変研究』北京：民族出版社。

[30] UNISCO Survey: Linguistic Vitality and Diversity, http://www.eva.mpg.de/lingua/tools-at-lingboard/pdf/Unesco Vitality Diversity.

域、伝統的知識の領域など 11 の内容が含まれる。調査した言語は以下である。シナ・チベット語族諸語の 71 言語、中にチベット・ビルマ語派のチベット語などの 42 言語、カム・タイ語派のチワン語などの 20 言語、ミャオ・ヤオ語派のミャオ語などの 9 言語が含まれる。アルタイ語族諸語の 20 言語には、テュルク語派のウイグル語などの 8 言語、モンゴル語派のモンゴル語などの 7 言語、満洲−ツングース語派の満洲語などの 5 言語が含まれる。南アジア語族諸語のワイ語などの 12 言語、及びオーストロネシア語族諸語のカイキ語と系属未定の朝鮮語が含まれる。

5. 新世紀における言語現代化の中での少数民族言語文字使用に関する研究と開発

　新世紀に入ってから、『少数民族文字字符集』、『地名規範』、『人名規範』、『用語基準』など普通話の応用基準が作成され、少数民族言語現代化発展に関する調査研究が行われた。2004 年に国家語言文字工作委員会が発表した『民族言語の規範と基準の建設及び情報化の課題の手引き』では、少数民族の人名・地名漢字音訳とラテン文字への転写、用語規範を重点的に援助することが明記され、助成プロジェクトとしては、「少数民族の人名と地名の転写規範」、「少数民族の人名の漢字音訳の転写規範」や「少数民族の地名のラテン文字転写規範」、「民族語用語の標準化の一般原則と方法」、「民族語用語略語の書写の一般原則と方法」が含まれている。『少数民族の人名の漢字音訳の転写規範』には、ウイグル、カザフス、チベット、モンゴル、彝、タイ族など民族の人名の書き方についての規範が含まれている。

　助成金を受けたプロジェクトから見ると、少数民族語用語の標準制定には 2 つの傾向が現われている。1 つは、一般的な原則と方法を重視して、具体的に言語標準の制定に対してマクロレベルで指導をする。2 つ目は、以前の規範基準との相互補完と接続することを重視する。過去の規範の多くは地名であったが、今回の規範では、主に人名、教材用語や他の用語の規範整備が含まれている。これらの規範により、中国の少数民族語用語の規範体系が整えられた。長期にわたる調査に基づいて、規範化と標準化の整備のために、

民族語に関する、いくつかの地方規範と規定が発表された。

中には、「モンゴル語における句読点に関する規定」、「モンゴル語における縮写と略語法に関する通知」、「モンゴル語における術語に関する原則と方法」、「モンゴル語における辞書編集に関する原則と方法」、「モンゴル語における略語を書くのに関する原則と方法」、「ウイグル人名の漢字音訳転写に関する規則」「朝鮮語に関する規範と原則」、「漢語の自然科学名詞用語に関する統一案」、「朝鮮語の術語データベースに関する一般原則と方法」と「朝鮮語術語の標準化に関する原則と方法」などが発布された。また、いくつかの通用基準には少数民族語標準化に関する内容があった。例えば、「中国の各民族の名称のローマ字表記」、「中華人民共和国国家地図及び英語版における地名綴りに関する規則」などである。これらの標準化は中国の少数民族語地名の標準化を前進させた。また「中国人の名前の漢語拼音表記法」では、少数民族の名前の拼音表記法を規定した。

3.2. 少数民族言語文字政策

3.2.1. 中国の少数民族言語文字政策[31]

少数民族の言語と文字に関する基本政策として、政府は次のような政策を制定している。

(1) 少数民族が自身の民族言語と文字を使用し、発展する権利を保障する。
(2) 民族自治機関が職務を執行する際、法律に従い少数民族の言語と文字を使用する。
(3) 学校において、少数民族に国家共通語と規範漢字で教育を行うか或いはバイリンガル教育を実施する。
(4) 各民族に相互の言語と文字を学ぶことを奨励する。

31　金星華、戴慶厦主編（2005）『中国民族語文工作』北京：民族出版社。

(5) 少数民族の言語と文字の使用の発展を援助し、その環境を整備する。

(6) 少数民族の言語と文字を使用できる職員を数多く養成する。

(7) 司法執務中にも民族の言語と文字を使用する。

これらの少数民族言語政策はおおむね「民族地域の自治制度」に基づいているのである。「少数民族が民族自身の言語と文字を使用する権利」は、国家が規定した「民族地域の自治制度」第7条「民族地方自治権」の1つに属するものであった。

3.2.2. 地方民族言語文字に関する法律規定[32]

中国の「民族区域自治法」に基づいて、各省市鎮村級の民族自治地方では、自治地方で使用し発展できる少数民族の言語に関する以下の法規を制定した。

(1) 省と自治区レベルの言語法規としては、モンゴル語（内モンゴル）、チベット語（チベット）、ウイグル語（新疆）、未分言語（雲南）、などがある。

(2) 地方自治州レベルの言語法規としては、モンゴル語（新疆バインゴル・モンゴル自治州とボルタラ・モンゴル自治州）、チベット語（青海ゴロク、海南、黄南、玉樹、甘粛省甘南、雲南迪慶、四川カンゼなどのチベット族自治州）、カザフ語（新疆イリ・カザフ自治州）、朝鮮語（吉林延辺朝鮮族自治州）、イ語（四川涼山イ族自治州、雲南楚雄イ族自治州、紅河ハニ族イ族自治州）、キルギス語（新疆クズルス・キルギス自治州）、傣語、ジンポー語、カチン語（雲南徳宏タイ族チンポー族自治州）、ハニ語（雲南紅河ハニ族イ族自治州）チワン語とシャオ語（雲南の文山チワン族ミャオ族自治州）などがある。

(3) 県レベルの言語法規としては、モンゴル語（遼寧省阜新モンゴル自治県、甘粛粛北モンゴル族自治県、新疆和ホボクサル・モンゴル自治県）、

---

32 国家民委文宣司（2006）『民族語文政策法彙編』北京：民族出版社。

カザフ語（甘粛のアクサイカザフ族自治県）、イ語（四川馬辺イ族自治県）、シベ語（新疆察布査尓シベ自治県）、タジク語（新疆タシュクルガン・タジク自治県）などがある。

　以上のように、モンゴル語、チベット語、ウイグル語、カザフ語、朝鮮語、イ語、キルギス語、タイ語、ジンポー語、カチン語、ハニ語、壮語、シャオ語、シボ語、タジク語など、15の少数民族言語について地方の言語政策法規を定め、それに相応する言語の使用と発展プロジェクトを展開している。

　省と自治区レベルの民族言語と文字の条例を事例にすると、チベット族自治区政府は1987年に「チベット自治区におけるチベット語の学習、使用と発展に関する規定」（以下はチベット条例と略す）を定め、2002年に修正を行った。新疆ウイグル自治区政府は1993年に「新疆ウイグル自治区における言語と文字に関する作業条例」（以下は新疆条例と略す）を定め、2002年に修正を行った。内モンゴル自治区政府は2005年に「内モンゴル自治区における言語と文字に関する作業条例」（似下は内モンゴル条例と略す）を制定した。これらの現地の自治民族の言語使用に関係する条例は次のようになっている。

　少数民族の言語権利と言語義務において、「新疆条例」では、「言語と文字に関する作業は、必ず各民族の言語と文字が平等である原則を堅持しなければならない。各民族が自分自身の言語と文字を使用し発展する自由を持つことを保障しなければならない」と規定している。「内モンゴル条例」の規定では、「各市町村の人民政府は、モンゴル族住民がモンゴルの言語と文字を学習・使用・研究と発展する権利を保障すべきである」と定めている。

　行政領域における言語と文字の使用面において、「チベット条例」では、「自治区の各レベルの国家機関は、職務を執行する際、チベット語と国の共通語としての言語と文字は同様な効力を持つ」と規定している。「新疆条例」では、「自治区の自治機関は職務を遂行するとき、ウイグル語と中国語の二種類の言語と文字を同時に使用することができる。必要に応じて、ほかの民族の言語と文字を同時に使用することができる」と規定している。「内モンゴル条例」では、「自治区の各レベルの国家機関は職務を遂行する際、モン

ゴル語と中国語の2種類の言語と文字を同時に使用する場合、モンゴルの言語と文字を中心にすることができる」と定めている。

　教育領域における言語と文字の使用面において、「チベット条例」では、「義務教育の段階では、チベット語と国の共通語と文字を基本的な教育用の言語と文字にする。チベット語、国の共通語と文字の科目を開設する」と規定している。「新疆条例」では、「少数民族の言語と文字を使用して授業を行っている小、中学校では、自分の民族の言語と文字を基礎教育言語として強化すると同時に、小学校3年生から中国語の科目を開設し、条件が整っているところではそれより以前の段階で開設してもよい」と規定している。「内モンゴル条例」では、「政府は優先的にモンゴル語とモンゴル文字を中心として各種の学校教育を発展させ、重点的に支持する。モンゴル語と中国語の両方に通じる各種の専門知識を持つ人材を育てるべきである。……中国語を教育言語とするモンゴル族の小、中学校では、モンゴル語とその文字を学ぶ科目を開設すべきである」と定めている。

　メディア領域における言語と文字の使用面において、「チベット条例」では、「自治区はチベット語とチベット文字による教育、マスメディア、出版、映画、テレビ放送などの事業を積極的に発展する」と規定している。「新疆条例」では、「各市町村の人民政府は少数民族の言語と文字による教育、科学技術、文化、マスメデイア、出版、映画、テレビ放送、古籍の整理などの事業の発展を促進すべきである」と定めている。「内モンゴル条例」では、「各放送（ラジオ・テレビ）局、映画の制作機構はモンゴル語ができる俳優と制作スタッフチーム作りを強化すべきであり、大衆の要望に応えることのできる、内容豊かなモンゴル語番組と映画・ドラマ作品を制作し、その放送時間と回数を増やすべきである」と規定している。

　メディアと情報技術の急速な発展は言語の使用範囲を大きく広げた。国の共通語が放送・報道用語として、多言語多方言の地域的制約を越えることができるが、それはニュースと情報番組に限られている。地方言語を使用する文化芸術系の番組は少数民族の言語と方言が優位性を持っているものである。

　サービス領域における言語と文字の使用に関して、「内モンゴル条例」で

は、「公共サービス業がモンゴル語とその文字を使用している住民にサービスを提供するときに、モンゴル語とモンゴル文字を使用すべきである」と規定している。

　しかし、民族自治政府が制定した民族言語政策と法規は、民族言語を保護、使用、発展させるプロジェクトを実施するときの実情とは一致しない場合がある。特にユネスコの『アンケート調査：言語活力と多様性』(UNESCO Survey：Linguistic Vitality and Diversity) の中で、その「言語社会の使用領域」、「新しいメディア領域」、「文字と書面語及び出版物」と「言語プログラムの状態」などの項目を全面的に実施できる民族言語は、モンゴル語、チベット語、ウイグル語、カザフ語、朝鮮語、イ語、チワン語、タイ語などの少数言語に限られている。

3.2.3. 国際組織の言語活力基準

　2009年にユネスコは「アンケート調査：言語活力と多様性」(UNESCO Survey:Linguistic Vitality and Diversity) を発表した。その目的は世界の言語、特に危機言語と先住民の言語に対して、大規模で、比較のできるデータサンプルを収集することである。その具体的な目標は2つある。1つは、これらの資料を、ユネスコの代表的な出版物「世界の危機言語地図」の第3版の改訂に使用し、また「世界の危機言語地図」のネット版に双方向的に使用するためである。もう1つは、これらのデータが、生物多様性条約を承認した国々が望む「言語の多様性と先住民の言語話者数の現状と発展の相関指数」を確定するための方法を探すことである。

　このアンケート調査は「言語活力」と「言語の多様性」の2つに分けられ、そのうち、「言語活力」の調査には次の12の内容と調査項目が含まれている。

　　（1）全体の活力と危機状況（overall vitallity/endangerment score）
　　（2）世代間の言語使用状況（generational language use）
　　（3）話者人口（number of language speakers）
　　（4）コミュニティにおける話者の割合（proportion of speakers within

the reference community)
(5) 言語使用領域（例：政府・商業・管理・教育）（domains of language use）
(6) 新たな領域、例えば新しいメディア、放送・テレビ・インターネット（new domains, i.e. new media, including broadcast media and the internet）
(7) 伝統的知識領域（domain of traditional knowledge）
(8) その言語で編集された教科書、補助資料、読物（materials for language education and literacy）
(9) 政府機関の言語政策と言語意識、言語の公的位置づけと使用状況（governmental and institutional language attitudes and policies, including official status and use）
(10) コミュニティの人々の母語意識（reference community members' attitudes towards their own language）
(11) 言語文献記録のタイプと質（type and quality of documentation）
(12) 言語プログラムの状態（status of language programs）

　それぞれの指標を具体的な言語の使用状況によって、レベルが5からレベル0までの6段階に分けられた。例えば、(2)にある言語の「世代間の言語使用状況」は以下のように分類されている。

　　レベル5：子供たちを含むすべての（世代の）人々が当該言語を使用する。（all generarions, including children）
　　レベル4：大多数の子供たちが使用する。（most children）
　　レベル3：一部の子供しか使用しない。（only some children）
　　レベル2：祖父母と老人層の人々しか使用しない。（only grandparents and older generations）
　　レベル1：曾祖父母の世代しか使用しない。（only the great grandparental generations）

レベル0：当該言語使用する人がいない。（none）

　（2）から（12）までの指標の総合的状況が当該言語の活力あるいは危機状況を示している。即ち、（1）の「全体の活力と危機段階」は当該言語が次の6段階のどこに位置するかを確定することになる。

レベル5：安全言語（safe）
レベル4：安全でない、危機言語（unsafe/vulnerable）
レベル3：明らかな危機言語（definitely endangered）
レベル2：深刻な危機言語（severely endangered）
レベル1：重篤な危機言語（critically endangered）
レベル0：死滅言語（extinct）

3.3. 中国少数民族言語の使用発展状況

　少数民族の言語政策と、言語計画実施の間に現われた乖離現象の原因として、1つ考えらえるのが、言語政策が「民族地域の自治制度」における民族自治権を特に強調しているのに対して、言語計画の実施では、少数民族言語を用いる民族地域での社会経済発展につながるかどうかに関心が傾いている。この意味では、両者の不統一は、1990年代中期以前に中国の計画経済時代に制定した言語政策と、1990年代中期以降の市場経済時代で実施されてきた言語計画との間に現われた不一致・不統一に由来しているであろう。
　近年、中国の言語状況は大きく変化してきた。共通語の普及は漢語方言地区から少数民族地区に拡大していき、少数民族地区におけるバイリンガル教育においては、明らかに国家共通語の方に力を入れられたのである。その具体的な措置としては以下のようなものがある。
　多民族が居住する地域において、異なる民族の学生を同じ学校或いは同じクラスで勉強させることを提唱し、少数民族バイリンガル教師は養成訓練班で普通話の勉強をさせられている。少数民族の学生がその民族の言語と文字

と国家共通語の言語文字の両方に通ずることは、民族教育と少数民族の発展に寄与するが、注意しなければならないのは、バイリンガル教育における母語教育の比重が持続的に下がっており、対して漢語教育の比重が拡大されていく一方であり、完全に漢語教育に転換させる例もあった。母語教育は民族言語の維持と発展にとって重要な要素であり、多元文化教育のための基本的な手段である。二言語教育の中で母語教育の規模を縮小することは普通話の普及には役立つが、客観的にみると少数民族の言語が果たす社会的機能をますます弱体化することになる。言語は社交手段だけでなく、同時に社会的問題、民族の権利と文化資源でもあるから、少数民族二言語教育での漢語教育と民族言語教育の目的と着目点は違うのである。この意味において、少数民族地域で確実にバイリンガル教育を推進することは、国家共通語の構築と地方の言語と文字の多様性を保護する、調和的二言語社会環境作りにも積極的な役割を果たすはずである。

　少数民族言語政策と言語計画実施との間に現われる不一致の事例の一つは、2010年に青海省の教育庁が制定した『中長期教育改革と発展計画』と、1990年代に青海省内各チベット族自治州が制定した『チベット言語文字条例』におけるチベット語と中国語の「バイリンガル教育」に関する規定がある。その間にも乖離が現れている。

　青海省教育庁が2010年9月に配布した『青海省中長期教育改革と発展計画の要綱』では、2015年までに、小学校では、国家通用言語文字による教育を主とし、自民族の言語文字を補助的に用いる「バイリンガル」教育を行い、中学校では、少数民族の中学生に対して、国家通用言語文字による教育を実施して、自民族の言語文字を付随的に教える、いわゆる「バイリンガル」教育を加速させるという計画。しかし、1990年代に青海省の黄南、海南、玉樹、ゴロクなどのチベット族自治州の人民代表大会常務委員会が制定した『チベット言語文字条例』の一般規定（1993年の『ゴロク・チベット族自治州チベット言語文字条例』第20条を例に）では、自治州のチベット族小・中学校においては、チベット語による教育を中心とし、漢語（中国語）の科目も開設する。チベット族の学生が比較的に多い普通の小・中学校では、

需要に応じてチベット語科目を設けるべきである。児童と学生にチベット語と漢語の両方ができるようにする。即ち1990年代の法規の、「チベット族の学校ではチベット語とチベット文字を中心とし、同時に漢語の授業を開講、普通の学校では主に漢語の科目を開設する」という規定から、2010年青海省教育庁という行政レベルの計画で「2015年までにあらゆる小学校は、すべて国の共通言語文字を中心」とし、チベット語の言語文字を補助的になるような「バイリンガル教育モデル」へと変わったのでる。

　このような変更はチベット族自治区の市場経済体制下におけるチベット語の言語文字状況の発展と変化を反映している。

　それまでの少数民族言語と文字学習の視点からみれば、青海省のチベット地域の民族学校がチベット語と中国語の「バイリンガル」教育を同時に実施してきており、すでに入学前から大学までチベット語及び「バイリンガル」教育のシステムを形成していたのである。チベット族自治地方では、重要な公文書がチベット語と中国語の両言語で公表され、人民代表大会などの重要な会議の場合、法律によって同時にチベット語を使用する。チベット族の当事者はチベット語で訴訟を行うことができることになっている。チベット族自治地方の証明書類、標識及び公共施設の建物の標識と街路、交通標識はすべてチベット語と中国語の2種類の文字を使用している。チベット語による新聞と雑誌、図書及び放送事業もその維持と発展を遂げている。近年、チベット語のテレビチャンネル、チベット語ネットワークも開設され、チベット語の国際言語コードも普及し、チベットの言語文字を現代情報社会に適合させてきたのである。しかし、青海省の教育部門は『中長期教育改革と発展計画の要領』では、すべての小学校が国の共通語と文字を中心とし、チベットの言語と文字を補助的にだけ用いるバイリンガル教育モデルを提唱した。彼らの解釈では、このようなバイリンガル教育モデルの目的は、「一部の少数民族の卒業生が中国語の能力の不足などの理由により、進学と就職の機会が奪われ、または社会に適応し、社会に参加できる能力に欠けているなどの深刻な問題を解決するためである」、と。即ち、「国の共通語と規範文字の普及をはかると同時に、少数民族の言語と文字の発展も保証され、我が省の少

数民族地域の教育事業と経済社会の発展を一層促進できる」といういいわけである。しかし、民族の言語と文字に関する法律と法規の制定と、言語計画を実施する際に存在する不一致の問題を見るときに、3つの問題を考慮しなければならない。

　第一に「民族地域の自治」制度は中国の4つの基本政治制度の1つであり、したがって民族地域の自治権の1つとしての「少数民族が自分の民族の言語と文字を使用し発展する権利」を保障することは、これまで以上に、徹底的に実行されるべきである。

　第二に中国では、すでに全面的に市場経済体制を実施しているので、民族地域社会の言語使用については、少数民族の言語生活が社会の経済発展に果たす役割をまず考慮しなければならない。例えば、少数民族の学生の進学、就職問題、少数民族の人々の社会参加と適応能力などの問題がある。

　第三に言語と文化の多様性と、弱者の立場にある少数民族の言語を保護する視点からみれば、弱者の立場にある民族の言語を科学的に保護する措置を取るべきである。多様性のある民族言語を保護する社会的利益、経済的利益、学術的利益を十分に考慮し、民族言語の政策、法律規制と計画を公に制定し、また調整しながら、着実に実行可能にすることで、弱者の立場にある民族の権利と利益を保護する政策と法律の主旨を最大限に尊重すべきである。

3.4. 少数民族言語文字使用状況調査の理念

（1）民族の言語と文字使用状況の調査を行う目的は、国の民族言語政策や法律法規の実行状況をチェックすることである。少数民族言語政策と地方の民族言語条例は、すべて少数民族言語文字使用状況調査の内容に含まれる。

（2）国際組織の言語活力測定指標
　ユネスコが公表した「アンケート調査：言語活力と多様性」の指標に基づいて、言語の生存状況を2種類に分類することができる。1つは言語の自然状況であり、今1つは言語の社会状況である。言語の自然状況には、以下

のようなものが含まれる。

　世代間の言語使用（指標2）、話者人口（指標3）、コミュニティ言語の使用人口の割合（指標4）、母語による伝統的知識の伝達（指標7）、母語話者の言語意識（指標10）などである。

　これらの指標に反映されている言語状況は一般的に人為的な関与によって変えられないため、ある言語の自然条件がかなり悪化している場合、危機と消滅に瀕している傾向を挽回することは比較的困難である。

　言語の自然状況の中でも、言語の活力に影響を与える重要な要因は、言語の話者人口の状況にある（例えば実際の話者数、多言語コミュニティにおける人口の割合、母語の世代間の使用状況及び以下で特に検討する話者の母語能力など）。中国国内の130の少数言語の中では、使用人口が1000人以下の言語は20あり、1000〜1万人の言語は32、1万〜5万人の言語は23である。合計で75言語、即ち、過半数を超える民族言語の使用人口は5万人に達していないのである。国際的に見て、使用人口が非常に少ない言語の発展の見通しとしては、危機に瀕することは避けられない。上述の国際組織の言語統計標準によると、中国の絶対使用人口が非常に少ない言語の数はますます増加するだろう。

　言語の社会的状況には、次のようなものが含まれる。

　言語の社会使用領域（指標5）、新たなメディア領域（指標6）、文字と書き言葉及び出版物があるか否か（指標8と11）、政府の言語政策（指標9）、言語プログラムの状態（指標12）などである。これらの言語活力に影響を及ぼす要因は人為的な関与によって変えることができる。したがって、ある言語がこうした面でその社会条件を改善するか、もしくは人為的に整えられるかによって、その言語の存在と発展に積極的な影響を与えることになるだろう。

　以上のことをまとめると、現代社会において、言語の活力に影響を与える最も重要な自然的な要因は言語の母語能力であり、最も重要な社会要因は政府の言語政策と言語計画であろう。

(3) 少数民族言語文字使用状況調査の諸分野

新たに少数民族言語文字調査をする前に、すでに調査した諸分野について予め知っておく必要がある。80年代以来、少数民族言語文字調査がすでに行われた分野は次のようである。政府公務、立法、司法、学校教育、文化芸術、ラジオ・映画・テレビ、出版発行、言語情報処理、製造業やサービス業、宗教活動、医薬活動、民間活動などである。

(4) 21世紀の少数民族言語文字使用の特殊分野

1. 少数民族言語文字の無形文化遺産の「キャリア」としての役割

『中華人民共和国無形文化遺産法』(2011年2月25日) で無形文化遺産と呼ばれているのは、各民族が代々伝承し、その文化遺産の構成部分と思われる各種の伝統文化の表現形式及びそれに関連する実物、場所のことをいい、以下のものを含む。

(1) 伝統的な口頭文学及びその媒体としての言語。
(2) 伝統的な美術、書道、音楽、舞踏、劇曲、演劇と雑技。
(3) 伝統的な技芸、医薬と暦法。
(4) 伝統的な儀礼、祭り等の民俗。
(5) 伝統的なスポーツと娯楽・演芸。
(6) その他の無形文化遺産。

国際共通の認識によれば、無形文化遺産の90％以上は、少数民族言語及び地方の方言がそのキャリアであり、伝播と伝達の手段である。そのため無形文化遺産のキャリアとして伝達と伝播の手段として、少数民族言語は無形文化遺産自体と同等に重要である。キャリアと手段を失ってしまえば、文化そのものも失うことになるからである。

2. 少数民族言語と文字の標準化と情報化構築

現代社会は情報や「ビッグデータ」の時代に入り、ネットメディアは言語文字の使用の方式を含め、社会構造と生活様式を大きく変えた。少数民族の言語と文字の使用も現代社会に適応しなければならない。中国少数民族の言

語情報化事業は新しい時代に入り、それに対する政府の支援もすでに実施段階に移り、その標準化と情報処理研究も新たな段階に入った。

　少数民族の言語文字標準化と情報化を構築するために、少数民族言語文字の基準を制定し、インターネットで言語データの伝送と共有、それに安全性を確保し、少数民族文字ソフト開発を推進するのが重要であり、いままで、少数民族言語データベースの構成と標準化は大きな成果を収めたが、情報化の需要を満すことがまだできない状態にある。中国の基準と国際標準と互換できないところもあり、少数民族の言語文字基準と国際基準とがかけはなれている状態がずっとつづいている。標準化は情報化の基礎であり、情報システムを有効に運用するための保証でもある。関連標準の保障がなければ、少数民族言語文字の情報化は実現できない。いまの急務は、国際基準との統一を図ることである。

3.　言語能力測定

　現在、中国国家語言文字工作委員会では「国民言語文字能力状況と向上」の研究プロジェクトを実施している。この研究プロジェクトは、2回の言語国勢調査データと、18年間の普通話水平測定累積データ、5年間の漢字応用水平測定、1回の漢語運用能力測定データを全面的に分析した。研究成果を踏まえて、『国民全体の言語運用能力に関する定義』という記述をした。その研究の主な内容は次の通りである。

　（1）国民による国家通用言語文字の使用状況を把握し、異なる地域、職業、使用者による、言語使用上の差異や特性を分析する。

　（2）国家中長期教育改革発展規画綱要に基づき、中国の経済、政治、文化、教育などの状況を参考にして、それぞれの言語文字運用能力に関する影響の要因を整理し、その弱点を分析する。

　（3）国民言語文字能力向上方案。

　少数民族の母語能力を測定する計画も重視されはじめた。例えば、中国の広西チワン語作業委員会、青海師範大学、新疆言語文字委員会、中央民族大学などでは、すでにチワン語、チベット語、新疆少数民族言語と中国の北方

危機少数民族の母語能力レベルに関する測定と試験を計画し実施している。また、香港特別行政区政府と台湾の「客家人委員会」も香港学生の粤語、台湾の客家民族グループの母語能力を測定、認証することを目的としたプロジェクトをそれぞれ実施している。以下ではいくつかの例をあげて説明する。

［１］広西チワン族母語能力の測定

チワン語は中国で使用人口が最も多い少数民族の言語である。その使用状況は中国南方地域の少数民族言語の中で、代表的である。したがって、広西自治区政府のチワン語委員会が実施しているチワン語レベル測定標準項目は、中国国内の少数民族母語能力の測定と認証にとっては、非常に意義のある試みである。他の少数民族の母語標準化測定の参考として使用できるのである。

「チワン語レベル試験」は、現代チワン語の使用能力の測定と評価をするシステムと位置づけられる。即ち、チワン語の標準語の音韻、文法を規範にし、方言に広く使用されている語彙を適度に吸収させたのである。標準化試験の理論方法によって定め、言語能力のレベルによって異なる試験のアウトラインを制定し、レベルごとの語彙表、試験内容および模擬試験問題を編集した。またレベルごとの問題集も作成し、任意で問題を抽出して試験を行った。試験は政府の民族言語の管理部門によって実施される。「チワン語レベル試験」は一級から三級までに分けられ、一級は小学校卒業の言語能力に相当し、二級は中等専門学校卒業の言語能力に相当し、三級は高等専門学校或いは大学卒業の言語能力に相当するとしている。

［２］北方地域７つの少数民族言語の母語能力測定

中国北方地域少数民族言語のモンゴル語、ウイグル語、カザフ語、朝鮮語など、伝統的に使用されてきた民族文字を持つ言語以外、ほとんどの言語活力が低下し、危機に瀕している。中華社会科学基金の援助によって、ダグル語、シベ語、サラール語、バオアン語、エヴェンキ語、オロチョン語、ロシア語など７言語の中国北方地域における少数民族言語の使用状況と母語維持に関する調査が実施された。このプロジェクトでは、これらの言語の社会

的使用状況を調査したうえ、その基本語彙をどれだけ把握しているかを基準に、話者の母語能力を測定した。

　ダグル語の語彙測定を事例にあげると、このプロジェクトはまず、ダグル人が最も集中的に居住する内モンゴル・モリンダワ・ダグル族自治旗の中高年の母語話者を対象にし、約700のダグル語の日常語彙を収集した。次に、これらの日常語彙を用いてダグル族の青少年の母語能力を測定した。測定した結果によると、彼らの母語能力のレベルは明らかに三段階に分けられる。第一段階は、500～600の語彙を知っている人で、年齢が23歳～35歳の間にあり、学校で教育を受けたレベルとしては中学校以上の農民である。第二段階は、400～500の語彙を知っている人で、年齢が13歳～16歳の間にある学生である。第三段階は、300～400の語彙を知っている人で、年齢が11歳～15歳の間にある学生であり、小学生が多数を占める。この調査によれば、ダグル人の青少年の母語能力は年齢が若ければ若いほど低下する傾向にあると判明した。

[3] 香港児童粤語能力の測定

　香港は1997年に中国に帰還された後、『香港特別行政区基本法』と『法定語文条例』に基づき、中国語と英語の両方が香港の法定言語と認められ、また中国語と英語が書面語と定められ、粤語、国家共通語（「普通話」）と英語を話しことばとする「二文三語」の言語政策は香港政府によって実行された。香港市民の母語は粤語であるため、粤語母語と国家共通語（「普通話」）の間に違いがある状況は、少数民族の言語と国家共通語との関係に類似する。

　香港城市大学、香港教育学院の言語情報科学研究センターによって開発され、香港特別行政区政府の衛生署が支援する『香港児童の口語（粤語）能力測定表（HKCOLAS）』は、粤語に関する学齢児童の普通話（口語）能力を測定する初の全面的評価システムである。また言語習得に障害がある児童と、一般の同年齢クラスに児童の口語能力を比較することができる。児童の母語習得の鑑定ができ、適当な協力を提供することもできる。言語習得の面で、障害が児童の学習、社会的交流と知能の発達に大きな影響を及ぼすものであ

り、言語習得に障害がある児童を正確に識別できれば、障害の影響を最小限にくい止めることができ、彼らの成長や発展を手伝うことができるのである。

　HKCOLAS には 6 種の言語測定が含まれている。即ち、粤語の文法、語彙表現、語彙関係、語義解釈、文章の理解と物語の再叙述である。そのほかに音声測定も設けられている。このプロジェクトは開始から 10 年経つが、HKCOLAS を開発した団体は、毎年、香港大学の言語・聴覚科学専攻の学生とともに、海外の言語治療師が主催するワークショップに参加し、香港の児童の言語能力の評価システムを継続的に指導している。インターネットとクラウドコンピューティングの発展によって、HKCOLAS はネット化にも対応し、時代のニーズに適応する児童の言語評価ツールを提供し、他の地域の参考にもなる。

　21 世紀に入ってからの少数民族言語文字使用現状の調査は、伝統的な言語文字運用の項目以外にも、文化のキャリアとして、情報伝達ツールとしての言語文字と、少数民族の母語能力測定と向上など、少数民族言語使用にかかわる項目をさらに増やしていくべきであろう。

中国における言語の多様性と言語政策

周 慶生

1. はじめに ── 中国における言語政策の「主体性」と「多様性」

　中国には、56の民族が居住しており、100以上の言語を使用していると言われる。56の民族のうちに、2つの言語を使用している民族もあれば、幾つかの言語を使用している民族もある。北方における大言語の機能や分布と南方とは異なっており、南方の大言語の間にでも相違点がある。中国では、漢語だけが特大言語であり、大言語としてはモンゴル語、チベット語、ウイグル語、カザフ語、イ語、チワン語など12種の言語があると言われている（表1-1から1-4を参照）[1]。

　表1-1から分かるように、中国で使われている12種の大言語のうち、前記の5種は大体北方に分布しており、文字類型と言語機能も大体同じである。残りの7種は南方に分布しており、そのうち全国の各地域で通用している言語文字は1つもない。南方で使用されている大言語の文字類型や言語機能はそれぞれ異なっており、比較的大きな相違を示しているが、北方で使用

---

[1] G. D. McConnell, et., ed., (1989) *The Written Languages of the World: A Survey of the Degree and Modes of Use*, Pr De L'universite Laval（『世界的書面語：使用程度和使用方式概況』（第4巻、中国、第1冊、第2冊）、1995年）。

されている大言語の機能、分布や分類に比較的大きな一致が見られる。この現象は、民族の社会的歴史的背景と関わっており、同時にその民族が生活している地理的環境ともかかわりがあると考えられる。

　北方の諸大民族のほとんどは広い畜産地区で生活を営んでいる。伝統的な遊牧生活様式は、人々の交流チャンスを増やし、人々の接触する範囲を広げた。同時に、地域の違いによって生じた方言の隔たりを縮小し、人々は遠く離れていても交流は便利になってきた。南方の諸大民族のほとんどは（農耕）定住生活を営んでいるので、連綿と続く山々は人々の交流を妨げている。時間の経過とともに、南方の同じ言語の諸方言間の違いは、北方の異なる2つの言語の違いよりも大きくなっている。表1-2が示すように、中国における14種の小言語のうち、キルギス語は地域の通用言語であり、他の13種の言語は地域使用言語で、族際言語である。表1-3が示すように、32種の特小言語のうち31種は地域使用言語か族内言語であり、シボ語だけが地域通用言語である。

　附録にある4つの表に約60種の言語が示されている。そのうちの1つは、伝統的な文字を有し、国連でも使われている6言語の1つであり、特大言語の漢語である。大言語は12種あり、そのうち7種は全国および国境を跨ぐ民族間でも使われている言語である。地域通用言語として使われ、文字を持っている言語は5種あり、残りの2種は、地域で使用されており、そのうち1つは伝統的文字を持っていて、もう1つには新しく文字を作った。地域や国境を跨ぐ民族間で使われている文字は3種あり、これらの文字は新しく作られた文字あるいは近年作られた文字がある。地域のみで使われている言語は1種だけあり、文字は新しく作られた。族内交流で使われている言語は1種あり、文字は持っていない。14種の小言語のうち、2種は伝統的文字を持っており、国境を跨ぐ民族間で使われ、地域でも使われ、地域通用言語として使われている。近年文字が作られた言語は3種あり、地域であるいは国境を跨ぐ民族間でも使われている。文字が新しく作られた言語は2種あり、地域で使われている。文字を持っていない言語は7種あり、族内言語あるいは国境を跨ぐ民族間で使われている。特小言語は31種あり、そ

のうち近年文字が作られたのは2種あるが、地域通用言語、地域あるいは国境を跨ぐ民族間で使われている。文字が新しく作られた言語は1種あり、地域や国境を跨ぐ民族間で使われている。文字を持っていない言語は28種あり、族内言語あるいは、地域および国境を跨ぐ民族間で使われている。また一部の小言語は筆者の統計データに含まれていない。

約60種の言語のうちの少数民族言語は1つの地域あるいは一部の地域でしか使われておらず、全国のあらゆる領域で使われることがない。全国で通用するのは漢語（普通話）だけであり、唯一の特大言語である。統計によると漢語を使用できる少数民族人口は1800万人にのぼり、少数民族総人口の37.5％を占めている（表1-4：「中国少数民族中漢語およびその他の少数民族言語ができる人口比率」を参照）。

表1-4からも分かるように、23の少数民族のうち、漢語を話せる人口はその民族総人口の半数以上を占めている[2]。すなわち、全国で約半数の少数民族のうち、半数以上の人は漢語を話せるということである。キルギス、ヌー、ロッパ、メンパ、ウズベク、タジク、タタールなどの少数民族を除けば、その他の40余りの民族の漢語が話せる人口は，他の少数民族言語を話せる人口より遥かに多い。言い換えると、漢語は中国のすべての地域と各民族間で使用される言語となっている。中国社会の言語状況は、主体性と多様性といった特徴を持っており、こうした特徴は、中国の言語政策においても「主体多様」な性質を求めている。

中国で使われている8種の少数民族言語が外国ではマジョリティ言語として使われている。これらの言語資源を開発し、利用することによって当該地域の国境貿易、海外観光や文化交流などを発展させられるだろう。二言語教育の理想的な目標は「民漢兼通」（漢語と少数民族言語ないしは母語が同じレベルまで達成できることを指す）という少数民族学生を育てることであるが、現実には多くの地域では少数民族学生らの二言語能力は不均衡であり、

2　その表には、回族、満州族、高山族、ロシア族などの民族が入っていない。もし入っていれば総数は27になる。

母語ができて漢語ができない学生もいれば、漢語ができて母語ができない学生もいる。その原因は何か、どのような解決方法を取るべきかを検討すべきである。少数民族は現代化プロセスにおいて、自らの母語を使用し、維持できるのかどうか、言語の維持に影響を与えているのが何か、どのような対策を採るべきか、これらはいずれも言語の消滅に関わる問題である。

2. 「主体多様」言語政策とその受容

21世紀に入り、中国ではいくつかの少数民族言語が相次いで消滅した。危機に瀕していて、まだ消滅に至っていない言語について、そのまま様子を見ることにするか、それとも何らかの保護ないしは救済措置を取るべきか、どのように保護と救済をすればよいかは、言語政策に関わる重要な問題である。研究の分野では、国内外とも中国言語政策を研究対象とした文献が多く、少数民族言語政策を研究する文献も少なくはない。しかし、両者を同時にとりあげ研究する文献はあまり多くない。以下では、主体性と多様性を念頭に半世紀以来の中国の漢語政策と少数民族言語政策の発展プロセスを整理し、分析の枠組みを提供することを試みる。

2.1. 建国時期の言語政策

アメリカの言語政策研究者 Juan Cobarrubias が世界各国の言語政策パターンを以下の4つにまとめている。すなわち、言語同化、多言語化、言語のグローバル化、言語のローカル化。しかし、これらをもって、中国の現実問題を解釈できない。中国では、最初に政策提言として主体性と多様性の原則を示したのは、許嘉璐氏である。彼は「普通話を普及させ、国民の普通話応用能力を高め、必要な場面では自ら普通話を運用できる、これは主体性を強調する原則である。一方、普通話を普及させることは方言を消滅させることを意味しない。方言は、場合によって使用価値を持っており、これが多様性を

実行する原則である」[3]といっている。筆者も、国家通用言語文字と少数民族言語文字の使用との関係を分析し、「主体性と多様性」の原則を示すべきだと考えている。主体性とは、『中華人民共和国憲法』で定めている「国家が全国で通用する普通話を普及させる」[4]ことを指しており、多様性とは、『憲法』で定めている「各少数民族は自らの言語文字を使用し、発展させる自由を有する」ことを指している。この2つの規定を抽象的に概括すると「主体性と多様性」の原則となり、それが中国言語政策の基本原則である[5]。本論では、60年あまりの中国の言語政策の発展プロセスを4つの時期に分け叙述する。第一期は、中華人民共和国が成立した初期（1949～1958）、「主体多様」な言語政策が確立された時期である。第二期は、「左」翼路線の影響を受けた時期（1958～1978）であり、言語計画は挫折し、制限された時期である。第三期は、現代化建設時期（1978～2000）で、言語規範化と標準化建設の時期である。第四期は、市場経済初期の建設時期（2000年から今までに至る）であり、『国家通用語言文字法』の公布と実施時期である。

　2010年の第6回全国人口統計データによると、全国総人口は13.7億人であり、そのうち漢族人口は12.3億人で、総人口の91.51％を占めている。少数民族の人口は1.1億であり、総人口の8.49％を占めている[6]。中国で言われている言語使用の主体性は、主に全国で漢語を母語として使用している人口が総人口の95％を超えていることを指している。漢語の10大方言のうち、北方方言の分布範囲はもっとも広く、江蘇省の南京から新疆のウルムチ市まで、雲南省の昆明市から黒竜江省のハルビン市まで、何千キロメートルの距離にまでおよんでおり、互いにコミュニケーションも取れる。北方方言を使用している人口は漢語を使用する人口の67.75％を占めており、全国人口の

3　許嘉璐「開拓語言文字工作新局面、為把社会主義現代化建設事業全面推向21世紀服務——在全国語言文字工作会議上的報告」『語文建設』1998年第2期、p.6。

4　『中華人民共和国憲法』第4条。人民出版社、1982。

5　『中華人民共和国憲法』第3条。人民出版社、1954。

6　国家統計局編『2010年第6次全国人口普査主要数拠公報』（第1号）。中国人口情報サイト、2011-04-29. http://www.cpdrc.org.cn/tjst_detail.asp?id=15463

64.51％を占めている[7]。漢語（普通話）は、全国の政治、経済、文化生活における通用言語であり、国連の公用語でもある。漢語および北方方言は全国各地域、各民族間で使われる主な族際言語であり、規範漢字は全国で通用する文字と決められている。

　中国における言語使用の多様性は、主に東南部各省で、互いにコミュニケーションが取れないほど、使われている方言の違いが大きいということを指している。中国では、少数民族のうち6000万人が自民族の言語を使用しており、少数民族総人口の60％以上を占めている。約3000万人が自民族の文字を使用している[8]。55の少数民族のうち、回族と満州族を除けば他の53の民族が80種余りの言語を使っている。これらの言語のほとんどは5つの語族に属している。多民族、多言語、多様な文字は中国言語使用状況の特徴である。

　秦漢王朝以来2000年余りの間では、統一された期間は6/7であり、分裂していた期間は約1/7を占めていた。統一は中国の歴史的発展プロセスにおいては主流であった。少数民族区域自治は、中国の政治制度であり、少数民族言語政策を定める上で重要な根拠でもある。現在、中国には5つの民族自治区、30の自治州、120の自治県（旗）がある。55の少数民族のうち、44の少数民族は区域自治を実施しており、自治地方の面積は全国面積の64％を占めている。区域自治を実施している少数民族人口は全国少数民族人口の78％を占めている。中国の民族区域自治は、国家の統一指導の下におかれた自治である。当該制度は「統一」と「自治」という2つのキーワードで平衡をとり、少数民族区域自治と国家統一を結び付けている。

　漢語（普通話）は異なる方言を使う漢族同士の共通言語であり、各少数民族同士の族際言語でもある。漢語の方言区域で普通話を普及させることは、各方言間における隔たりを無くすことが目的である。各少数民族区域で普通

---

[7] 李栄「中国的語言和方言」『南方』1989年第3期。

[8] 国務院ニュース事務室『中国的民族政策与各民族共同繁栄発展』中央政府門サイド、2009-09-27.http://www.gov.cn/zwgk/2009-09/27/content_1427930.htm.

話を普及させることは、本来なら、少数民族が自らの言語文字を使用することを妨げることでもなければ、普通話が少数民族言語に取って代わることでもないはずである。少数民族幹部、学生や民衆らは自民族の言語文字を上手に使いこなせた上で、全国で通用する共通言語もできるようになれば、もっとも広い発展空間を得ることとなるのでベストである。

文字は社会と深い関わりを持っており、中華人民共和国が成立する前に、毛沢東は既に中華人民共和国が成立した後の言語政策について次のように述べている。「文字は改革しなければならない」[9]と。それと同時に、「各少数民族は自らの文化、宗教、習慣を有しており、彼らに漢語を勉強するように押し付けるのではなく、彼らが自らの言語文字や文化教育を発展させるように応援すべきである」[10]。中華人民共和国が成立した後、早速、文字改革政策や少数民族の言語政策を立て、違いが大きい漢語方言の問題の解決のため、漢語共通語普及と文字教育の問題の解決に向けて、ピンイン化と普通話普及運動を展開した。これは漢語の主体性である。一方少数民族の言語文字を発展させるために、民族平等と言語平等政策を施行し、少数民族に自民族の言語文字のレベルを高めるサポートをしている。これは少数民族言語の多様性を保つためである。

中華人民共和国が成立した初期は、政治と経済を統一する任務に直面し、国は文化教育の普及、国民経済の発展と、遅れている産業と科学技術、国家の工業化を実現するなどに追われて、漢語（普通話）の普及は遅れていた。当時全国80％以上の人口が非識字者であった。書き難い、覚え難い漢字は、文化教育の普及と発展を制約していたため、文字改革を行う政策を定めた[11]。1954年12月に、中国文字改革委員会を設立し、全国で文字改革を押しす

9 　毛沢東『新民主主義論』(1940)、『毛沢東選集』第2巻、人民出版、1952年、p.680。

10　毛沢東『論新階段』(1938) 中国共産党統戦部『民族問題文献編集 (1921年7月－1949年9月)、中共中央党校出版社、1991年、p.595。

11　国家言語文字工作委員会政策法規室編『国家語言文字政策法規編集 (1949―1995)』、語文出版社、1996年、p.7-9。

すめたのである。漢字の簡略化、普通話の普及、「漢語ピンイン法案」の制定、普及が言語政策の中心であった。1956年に国務院は「普通話を普及させる中央工作委員会」を設立したが、当時、普通話を普及させる機関を設けた地域はいくつかの省しかなかった。当時の文字改革の方針は、漢字は必ず改革すべき、漢字改革は世界の表音文字と同じようになり、ピンイン化に向かうべきとされていた。ピンイン化を実現する前は、漢字を簡略化させ、便利を図ること、それと同時にピンイン化へと準備を進めることが眼目であった。言い換えると、ピンイン化は文字改革の目標であり、その順序としてはまず漢字を簡略化すること、それと同時にピンイン化の準備を進めることである。主な準備としては普通話を推し進めることと漢語のピンイン法案を制定することがある。この方針に従って、1958年に文字改革の具体的な内容を以下の3点にまとめられた。すなわち、「漢字を簡略にし、普通話を普及させ、漢字のピンイン法案を制定し広める」の3点である。

　1956年1月28日に中国文字改革委員会によって制定された『漢字簡略化方案』が出された。国が定めた簡略化された漢字は2235個になった。現在は、簡体字が使用されており、国連の文書で使われている漢字も簡体字である。シンガポール、マレーシア、タイなどの華人社会も簡体字が規範漢字として使われている。

　1956年2月6日『国務院の普通話を普及させることについての指示』において、普通話の定義と標準が明確化された。それは、北京語の発音を標準音とし、北方方言を基礎的方言とし、典型的現代「白話文」で書かれた著作を文法規範とする、の3点である。1956年に国は「中央推広普通話工作委員会」(普通話を広める中央委員会)を設け、陳毅が主任を勤め、郭沫若、呉玉章などが副主任を務めた[12]。

　1958年から1978年の間に、全国で5回の普通話教育成績見学会が行われた。1956年から1960年の間、9回の全国規模の普通話研修クラスや研究ク

---

[12] 国家語言文字工作委員会政策法規室編『国家語言文字政策法規編集(1949—1995)』、語文出版社、1996年、p.12。

ラスが設けられ、1666人の中堅者が研修を受けた。1957年から1958年までに、全国で1800余りの漢語方言について調査が行われ、320種余りの方言使用地域の人々のために普通話を習う冊子が編集された。普通話を推し進めることは、方言を無くすためではなく、国民に方言もできて、普通話もできることを求めるものである。それは、あらゆる場面で普通話の使用が求められるのではなく、学校、政府機関、サービス事業など公的な場面での使用が求められていた。普通話を推し進めると同時に、方言は一定の領域や特定の地域で長期的に存在することも認められていた。

1952年から1954年の間に、中国文字改革委員会が少数民族文字のピンイン法案を4種類立案した。1955年から1957年の間に、中国文字改革委員会がラテン文字式の『漢語ピンイン方案』を制定し、1958年2月11日中国人民代表大会の承認を受け、公布した。1982年に、国際標準化組織がその方案を、漢字をつづる国際標準と認めた。『漢語ピンイン方案』は、主に音声を表記し字を覚える場合と、インデックスを編制するとき、または地名や人名を書くとき、商品のコード名を制定するとき、信号通信を設定するとき、漢語の手話文字を制定するときなどに使われる。その方案は、少数民族の文字改革や文字創造の基礎にもなっている。

1954年の『憲法』第3条に、「各民族は自らの言語文字を使用し発展させる自由を有する」と定められている。1982年の『憲法』第4条には、この原則が重ねて表明されている。少数民族言語文字は、少数民族の伝統文化を伝える手段であり、民族的アイデンティティや民族意識を表す手段でもある。少数民族言語が使える自由で平等な社会環境がなければ、社会の不安定的な要素が増え、民族団結にも影響を及ぼすのである。『憲法』において、各少数民族の言語文字が一律平等であると保障していることは、民族平等を実現し、少数民族自治権を保障する1つの重要なしるしとなるのである。

1952年に、『中華人民共和国民族区域自治実施綱領』第15条において、「各民族自治区では、自治機関が一種の自治区内で通用する民族文字をもって執務する主な道具とすべきこと。この種の文字を使用しない民族に対して執務する場合は、当該民族の言語も使用すること」が定められた。第16条

では、「各民族自治機関は自民族の言語文字を使用し、各民族の文化教育を発展させること」が定められた。1952年に、『政務院関於保障一切散居的少数民族成分享有民族平等権利的決定』(政務院の「分散して居住している少数民族の民族平等権利を享受する権利の保障」についての決定)第5条においては、「分散して居住している少数民族の人々で自らの言語文字を有する者は、法廷で自民族の言語文字を使用する権利を有する」と定められている[13]。この条項は1954年に我が国が正式に公布した最初の『憲法』(第77条)に収められている。国家の政治活動において、1954年の全国第一回全国大会から既に少数民族言語の同時通訳が設けられていた。その他、少数民族自治区の裁判所、検察所、民族教育、メディア、出版、テレビ、放送局などの領域においても一種あるいは多種の少数民族言語が使われていた。

中華人民共和国が成立した初期に、中央政府は「少数民族のために自民族の言語を代表できる文字を作ることは、少数民族の民族教育の普及を促し、彼らが科学技術を学び、文化レベルを高めるチャンスを与え、社会主義的な経済建設や文化建設にとって重要な意義をもっている」と考えていた。1951年2月5日に『政務院の民族事業に関するいくつかの決定』第5条において、「文字を持っていない民族には、文字を作り、文字が不完全である民族に対して、しだいにその文字を改良させる」[14]ことが目標とされていた。この目標を達成させるため、1950年から1955年まで、1956年から1959年までに2回調査組織を組み立て、チワン族、フイ族、スイ族、ミャオ族、ヤオ族、イ族、タイ族、リス族、チンポー族、ハニ族、ワ族、モンゴル族、ウイグル族、トン族、リー族、マオナン族、ムーラオ族、チベット族、チャン族、ラフ族、ナシ族、白族、アチャン族、コーラオ族、トゥチャ族、ダフール族、トンシャン族、ボウナン族、トゥー族、カザフ族、キルギス族、タタール族、ウズベク族、サラール族、ユーグ族、シボ族、ホジェン

---

[13] 国家民委事務室、政法局、政策研究室編『中華人民共和国民族政策法規選編』、中国民航出版社、1997年、p.2-3。

[14] 史筠『民族法律法規概述』、民族出版社、1988年、p.247。

族、エヴェンキ族、オロチョン族、キン族、タジク族、ショオ族、朝鮮族など 43 民族の言語について調査を行った。言語調査に基づいて、民族語文工作と研究機関が設けられ、自ら選ぶ原則に従って政府は南方のチワン族、フイ族、イ族、ミャオ族、ハニ族、リス族、ナシ族、トン族、ワ族、リー族などの民族のために 14 種のラテン文字式の文字を作った。そのうち、4 種はミャオ文字で、2 種はハニ文字である。雲南省のタイ族、ラフ族とチンポー族らに対し、文字改革法案を立てた。新疆ウイグル自治区のウイグル族やカザフ族に対し、文字改革法案を立てた。

タイ族は、新しく作られた文字を使わず、漢字を使用した。ハニ族は、1 つだけのハニ文字を使用し（哈雅哈尼文）、もう 1 つを放棄した。イ族は新しい文字を受けずに、整理と規範化した昔のイ文字を使用した。文字改革や改善プロセスにおいて、チンポー文字、ラフ文字やタイ文字は基本的にもとの文字構成を維持し、民衆は気持ちよく受け入れ、普及効果も比較的良かった。西双版納（シーサンバンナー）のタイ文字、ラテン文字形式のウイグル文字やカザフ文字の変動は比較的大きい。一定の期間を使用した後、1982 年には新疆ウイグル自治区政府が昔のウイグル文字とカザフ文字（アラビア文字形式の文字）を取り戻すこと決定した。1986 年に、雲南省西双版納（シーサンバンナー）のタイ族自治州政府は昔の文字を回復すること決定した。

2.2. 文化大革命時期における言語政策

1958 年の「大躍進」の間、共産党内では「左翼」思想が強くなり、少数民族地域では「整風」（思想、態度、行為などを正しくする運動のことを指す）や地方民族主義に対する反対闘争が行われ、民族言語に関わる多くの者はその闘争に巻き込まれつるしあげられた。1958 年 3 月から 4 ヶ月の間に、「第二次少数民族語文科学討論会」が開かれ、真っ先には民族語文工作における「三離脱」が批判された。すなわち、政治からの離脱、現実からの離脱、民衆からの離脱であり、それと同時に少数民族言語研究領域で存在している

「異、分、純」という傾向も批判された。

　「異」とは、異なる言語の違いや同じ言語における方言の違いを強調しすぎ、同一性を否定すること。そして、言語間の違いは多いほど良い、言語の種類は多く、新しく作る文字の種類が多いほど良いとの考え方である。「分」とは、文字の民族内部で果たす団結機能を見落とし、1つの民族の内部で異なる方言を異なる文字で表記することを強調する。民族言語の発展や新しい用語の使用について、民族言語の「純化」を強調し、漢語からの借用語の使用を拒否する傾向であり、既に放棄した古い語彙を探り出したり、民衆が理解できない、意味を正しく表せない新しい語彙を作ることを強調し過ぎる傾向を指すものである[15]。これらについてきびしく追究され、批判された。

　民族言語工作に「急ブレーキ」がかけ始められた。1つの民族で2種類の文字を使うことは民族団結に良くないという理由で、雲南省のチンポー族が使っていた載瓦文字とハニ族が使っていた碧卡方言の文字が廃止された。1959年以降は、雲南省の各地域で新しく作られた文字が相次いで使用禁止となった。1960年に、貴州民族出版社が撤退に追い込まれた。その他、多くの地域で民族学校が廃止されたり、漢族学校と合併されたり、少数民族教師らが「下放」(ある人を下の機関に移動させたり、農村、工場、山の方などに下ろすことを意味する)させられたり、民族語文という科目が減らされたりあるいは無くなさせられたりということがおこっていた。「文化大革命」中は、中国文字改革委員会の活動が停止され、多くの委員や専門家は迫害されたり、地方の普通話を普及させる機関が撤回されたりしていた。学校で行われていた普通教育は「知識偏重教育」と見なされ、批判されていた。社会における言語文字の使用も混乱した時期であった。

　少数民族言語の機関も撤収させられ、民族言語の出版、放送事業も停止された。民族言語の非識字者を無くす仕事を中止され、新疆、内モンゴル、延辺などごく一部の民族学校以外は、大部分の学校と他の省、区、市での全て

15　中華人民共和国民族事務委員会文教局「為正確貫徹執行党的民族語文工作方針而奮闘」『民族問題』1958年第3期、p.3。

の民族学校で行われていた民族言語の授業が廃止された。1972年に中国文字改革事業や少数民族語文事業がようやく復活した。その主な内容は以下の四点である[16]。

(1)『第二次漢字簡略化法案（草案）』の立案を始める

　1972年11月、中国科学院文字改革事務室が新簡体字法案の『初稿』を整理し、1975年5月に中国文字改革委員会に『第二次漢字簡略化方案（草案）』（以下「二簡」と略称する）を提出した。2年後に、その修正案がでて、国務院の審査を得て、1977年2月に公表した。「二簡」の草案が公表された後、多くの批判を受け、やむなく1986年6月1日に国務院が「二簡」草案の使用を廃止した。周有光は、「二簡」草案の失敗原因を以下の3点にまとめている。第一は、技術的な誤りがあったのである。「二簡」草案中の多くの漢字は社会の一部から取り入れられており、"约而未定，俗而未成"、つまり、社会的合意がなされないまま提出され、広く使用された後、その意味も大きく変わり、民衆に受け入れ難い。第二に、民衆には心理的な変化が現れたのである。20世紀50年代「一簡」が公表された時は、革命意欲が高く、人の心も考えも大きく変わっていた。しかし、「二簡」草案は「文化大革命」の後に公表された。このときは、人々の心も考えも落ち着いて、漢字の簡略化や改革を望まなかったのである。第三に、「二簡」草案の公表順序に誤りがあり、中国文字改革委員会の「委員ら」の検討を受けずに公表してしまったためである[17]。

(2) 憲法の言語関係条項を勝手に添削

　上述したように、1954年の『憲法』第3条の「各少数民族は自らの言語

16　周慶生『語言与人類：中華民族社会語言透視』中央民族大学出版社、2000年、p.340。

17　周有光「中国的漢字改革和漢字教学」『新語文的建設』語文出版社、1992年、p.219。

文字を使用し発展させる自由を有する」という記述は、1975年の『憲法』第4条では「各少数民族は自らの言語文字を使用する自由を有する」と書き直されており、1954年の『憲法』第3条で書かれている「発展させる」という文字が消されている。すなわち、文化大革命後期では、少数民族言語文字を使い続けてはいたが、しかしその発展は止められていた。1975年の『憲法』では比較的大きな変更が起こった。

(3) 民族語文翻訳機関を立ち上げた

文化大革命後期では、マルクス主義やレーニン主義の著作、および毛沢東の著作が少数民族言語に翻訳する事業が重視されるようになった。1974年に共産党中央委員会により、それらを民族言語に翻訳する翻訳局が設立された。1978年に、その翻訳局の中で「中国民族語文翻訳センター」が設立された。これが唯一の国家レベルの翻訳機関である。その主な任務は、マルクス・レーニン主義の古典文献、党や国の指導者の著書、党や国の重要な文献、国の法律、中国共産党の全国代表大会、全国人民代表大会、全国人民政治協会（以下「政協」と略称する）などの文章をモンゴル語、チベット語、ウイグル語、カザフ語、朝鮮語、イ語、チワン語など7つの少数民族言語に翻訳することである。それと同時に、全国規模の重大な政治会議で同時通訳することも仕事の内容となっていた。重大政治会議で、7種の少数民族言語に同時翻訳や通訳することはそれまでなかったのである。

(4) 新疆は全面的にウイグル文字とカザフ文字を使用することを決定する

文化大革命の間では、全国各地域での少数民族文字改革事業が停止され、新疆のウイグル族とカザフ族のラテン式の新文字改革事業だけが行われていた。1973年6月に新疆ウイグル自治区革命委員会がウルムチでウイグル、カザフ新文字の普及会議を開き、最短期間でウイグルとカザフ新文字を普及させることを決めた[18]。1976年8月に、新疆ウイグル自治区革命委員会が新

18　『加速推行維吾尓、哈萨克新文字』1973年6月15日第1版『新疆日報』。

疆の全ての地域でウイグル、カザフ新文字を使用することとウイグル、カザフの旧文字（アラビア文字式の文字を指している）使用の停止を決めた。しかし、1982年9月に、「ウイグル族やカザフ族の新文字の使用停止に関する決議」が新疆ウイグル自治区第5回人民代表大会第17次会議を通った後、旧文字の使用が回復され、この2種の新文字は廃止された。

3. 改革開放下の言語政策

　対外開放、対内経済活性化政策を取った後は、社会経済発展は昔の「階級闘争を最重視」という方針から「経済建設を中心」とした方針へと変わった。経済建設や社会文化教育事業、そして情報科学技術などの急速な発展に伴って、言語文字の規範化、標準化が緊迫した課題となってきた。社会発展と形勢変化の必要に適応するために、国は言語政策を調整し、新時期における言語文字政策の方針を定めた。国家言語文字事業の主要な任務からは、文字改革を無くし、積極的に普通話を普及させることに力点をおいた。改革開放や社会主義市場経済建設の必要に応じるため、国は普通話を普及させること、漢字を規範化することを特に重要視した。現行の『漢語ピンイン方案』は、漢語や漢字を習い、普通話を普及させる道具（音声を表記する）とされ、漢字に取って代わるピンイン文字ではなくなった。漢字使用が不便である場合や漢字を使えない場合に漢語ピンインを使う。今後長期間において、漢字は国の法定文字になり、その役割を引き続き発揮させることと決めた。

　20世紀50年代に決められた普通話の普及方針は、「全力で提唱する、重点的に広め、次第に普及」[19]であったが、社会形勢の発展にしたがい、20世紀90年代には普通話普及方針を、「全力で推し進め、積極的に普及させ、次第に高めていく」と調整された。

　20世紀50年代の事業方針と90年代のものを比較した場合、50年代では、

19　王均主編『当代中国的文字改革』当代中国出版社、1995年、p.279。

普通話の普及は主に南方方言区域で行われ、90年代では、北方方言区域でも行われていた。50年代では、普及重点は学校に置かれており、90年代では、学校での普及と社会での普及どちらも重視されていた。普通話が教育用語、仕事用語、宣伝用語、サービス業用語、コミュニケーション用語など、すべての領域で普及がはかられた。50年代では、普通話の音声規範が中心であったが、90年代では、音声規範と同時に語彙などの規範化が重点となった。

3.1. 普通話の等級標準化

　日常生活においては、異なる地域、部門、業界、学校および異なる年齢層の人々が使用している普通話を3つのレベルの分けることができる。第一レベルは、相当標準的な普通話が出来て、音声、語彙、文法などの誤りは少ないレベルである。第二レベルは、比較的標準的な普通話が出来て、方言訛りは強くない、語彙、文法的な誤りは少ないレベルである。第三レベルは、普通話の出来具合は初歩的であり、異なる方言を扱う人々の間で通じるレベルである。これらの3つのレベルは南方方言区域に適応でき、北方方言区域でも適応できる。

　国家は規範漢字を広めさせ、1986年に国家語言文字委員会が改めて公表した「簡体字総表」に収められた簡体字と、1988年国家語言文字委員会と新聞出版者が公表した『現代漢語通用字表』に収められた漢字を規範漢字として普及させた。1992年以来、国家語言文字委員会が配布した通知や規定では、政府機関、学校教育、メディア、公的場面、情報処理、情報技術製品などにおいて規範漢字を使用することが求められた。漢字の簡略化は慎重に扱い、一定期間中で漢字形体（構成）の相対的安定性を保つ必要があると強調されている。1977年、『第二次漢字簡略化方案（草案）』が公表された後、強い社会的反応を引き起こし、1986年に国務院がその草案を廃止したといういきさつがあった。

　漢語漢字の情報処理は、新しい学問分野である。この領域における研究を

進めることは、経済、文化、科学技術の発展を促す意味が大きい。したがって、現在の言語文字事業の任務も調整された。『漢語拼音（ピンイン）方案』が国家が定めた法的標準であり、全力で推し進めるべきであって、やり直すことは認めないとした。『国家語言文字工作委員会』の前身は『中国文字改革委員会』であり、1985 年 12 月に現在の名称に取って代わった。『中国語言文字工作委員会』が 1998 年に教育部に編入され、対外的には『国家語言文字工作委員会』という名義を保留した。1991 年 6 月に国務院が『少数民族言語文字事業をさらに大きく進めることに関する報告』[20] を配布した。中国民族言語文字事業の方針を提出した。

これによれば、新時期民族言語文字事業の方針は、言語文字の平等原則を守り、少数民族の人々が自らの言語文字を使用し発展させる権利は保障される。状況に応じ積極的に、慎重に、民族言語文字事業を行う。少数民族地域の政治、経済、文化事業の発展を促進することとしている。

3.2. 少数民族言語文字の規範化

新時期の民族言語の主な任務は、国家の少数民族言語政策を徹底的に実行し、民族言語の法律整備を強化すること。規範化、標準化、情報処理などを行い、翻訳、出版、教育、新聞、放送、映画、テレビなどの業界の発展を促進する。学術研究、協力や交流、人材育成などを進め、各民族同士が互いの言語文字を勉強するよう奨励するなどである。以上の方針や任務を確実に実施するため、以下のような措置を取っていた。第一に、実情に基づいて、分類して指導を行い、少数民族文字の使用や普及事業を適切に行う。第二に、各民族同士が互いの言語文字を勉強するよう奨励する。第三に、少数民族学生を募集している学校では、条件が整えば少数民族文字の教科書を使用し、さらに、少数民族言語で授業を行うこと。適切な学年から漢語を 1 つの科

---

[20] 国家民委事務室、政法局、政策研究室編『中華人民共和国民族政策法規選編』、中国民航出版社、1997 年、p.390-392。

目として設け、二言語教育を実施し、全国共通の普通話を普及させる。多様なルートで、レベルに分けて民族言語と二言語教師、翻訳者、編集者、研究員らを育成し、民族文字の教材や各種の読み物の数を増やし、質を高める[21]。

20世紀50年代に比べると、80年代以来民族言語の使用領域が明らかに拡大している。中国共産党代表大会、全国人民代表大会、中国人民政治協商会議など重要な会議や全国区域規模の重大活動などにおいて、会議の文章はモンゴル語、チベット語、ウイグル語、カザフ語、朝鮮語、イ語、チワン語などの民族言語文字で印刷されており、同時通訳も提供されている。裁判所と検察機関は、当該地域の通用する言語文字が出来ない訴訟参加者に翻訳(通訳)を提供する。多くの自治地方機関において職務を実行する場合、自治機関の公的文書、印鑑などは民族文字と漢字二種の文字を用いて作られる。

教育領域において、新しく作られた文字と改善された文字は主に少数民族文字を使われる低学年教育に使われ、漢語が出来ない学生らに漢語を学ぶときのサポートをする。歴史の長い文字、例えば、モンゴル、チベット、カザフ、朝鮮などの文字は、既に中学校や大学で使われており、小学校から高校までは民族言語を主とし、漢語を補助的とした比較的完全な二言語教育システムが作られた。全国で13省、自治区において、21民族の一万ヶ所余りの学校で民族語あるいは二言語で授業が行われている。

民族言語を正式に小中学校のカリキュラムへ入れた民族は、モンゴル、ウイグル、カザフ、チワン、キルギス、シボ、タイ、チンポー、ロシアなどの12民族。小学校で民族言語の実験教育あるいは非識字者を無くす教育を行っていた民族は、白族、ミャオ、プイ、ナシ、トン、ワ、ハニ、リス、ラフなどの9民族である。在学学生が600万人余りに達し、使用された民族言語は60種余り、民族文字は29種であった。10の省、自治区において民族言語文字の教材編集と翻訳出版機関が設けられ、毎年小中学校の教材が約3000種翻訳、出版され、発行数が一億冊に達した。1997年に全国で、1464

21　国家民委事務室、政法局、政策研究室編『中華人民共和国民族政策法規選編』、中国民航出版社、1997年、p.392。

種（そのうち新出版物は 231 種）の教材は少数民族文字で出版社されており、新中国が成立した当時と比較すると 6.4 倍、1980 年よりは 1.8 倍増えている。発行数は 3403 万冊に達している[22]。

　国家が中央レベルの民族言語翻訳機関を設立し、自治区や自治州においても比較的整った翻訳機関が設けられ、全国で 36 所あった。1997 年に 20 種余りの民族文字で出版された書籍は 3429 種に達し、1952 年の 621 種に比べ 4.5 倍増えた。民族文字で発行された新聞は 88 種あり、1952 年の 20 種に比べ 3.4 倍増えた。雑誌は 184 種、1952 年の 15 種より 11 倍増えた。中央人民放送局は、5 種の少数民族言語で放送し始め、民族自治地方の省、自治区、自治州、自治県などにおいて少数民族言語無線放送と有線放送ラインを創立した。一部の自治地方では民族言語によるテレビ番組も設けられた。多くの民族自治地方では、民族語による映画やテレビ番組の翻訳機関が設けられた。

　民族言語の規範化、標準化、情報化等の側面において、モンゴル語、チベット語、ウイグル語、カザフ語、朝鮮語などの言語には、専門用語や文字規範の仕事を行う専門的な機関が既に設けられており、研究組織を組み立て、専門用語と文字の社会的使用の統一規範化を行う責任を負っていた。そして、規範化されたものを、言語教育担当部門が実行に移した。1995 年に、「中国専門用語規範化技術委員会少数民族語言特別委員会」が北京で設立された。その後、特別委員会の下で相次いでモンゴル語、チベット語、朝鮮語、ウイグル語など 4 つの専門用語委員会が設立された。各機関はそれぞれの関係専門用語標準を定め、民族名称の転写標準と少数民族地域の地名の表音文字でつづる標準を定めた。専門家を配置しモンゴル文字のローマ字へ転写した場合の標準（国際標準）化が行われている。既にモンゴル、チベット、イ、ウイグル、カザフ、キルギスなどの民族文字のキャラクター・コード、キーボートの国家標準を有している。さらに、20 世紀 90 年代初期から相次いで、

22　図道多吉「民族教育的光輝暦程」『中国民族工作 50 年』編集会『中国民族工 50 年』民族出版社、」1999 年、p.25。

モンゴル、チベット、イ、ウイグル、カザフ、朝鮮、イ、チワン、キルギス、シボなど民族文字の文字処理システムを作り、民族文字運用システム、組み版システム、事務のオートマチックシステムなどを開発した。モンゴル文字やチベット文字を自動的識別するシステムと自動補助翻訳システムの開発も進められており、モンゴル、チベット、朝鮮、ウイグル、イなどの民族文字によるウェブサイトやウェブページも作られた。民族言語のデータベースも作られ、チベット文字とモンゴル文字のキャラクター・コード標準が国際標準化組織の審査を通って、国際標準となった。

4. 国家通用言語文字法の公布とその実施

　中国は「計画経済」から「市場経済」体制へ変わり、21世紀初めに中国の市場経済体制が打ちたてられた。しかし、社会構造や政治制度・生活スタイルが変化の途中であり、その主な特徴は、都市化社会が初級のものから高度なものへと変わることであり、以下の2点の特徴がある。(1) 矛盾が多く、落ち着かない社会から社会階層が和諧、落ち着いた社会へと変わる。(2) バランスが悪く、偏った社会から、バランスがよく、全面的に発展した社会へと変わること。言語使用においては、更なる規範化、統一化と普及が求められる。

　21世紀は中国が社会経済変化期に入り、国の言語文字の規範化、標準化に関する要求がさらに高まり、普通話と規範漢字の普及速度を速める必要が出てきた。しかし、世紀が変わる時期で、中国の社会言語生活において、繁体字を濫用したり、簡体字や音訳字を勝手に作り出したり、外国語を濫用したりといった現象が比較的多かった。こうした現象を解消するため、2000年10月31日の第九回全国人民代表大会常務委員会第18次会議で『中華人民共和国通用語言文字法』[23]（以下「言語法」と略す）を採択した。

23　全国人大教科文衛委員会教育室、教育部語言文字応用管理局編『中華人民共和国

4.1. 『言語法』の主な原則

『言語法』は、中国初の言語文字に関する国家法律である。言語法の公布施行は、社会の進歩を促す重要な意義をもつ。言語法の主な原則は以下の6項目である。

(1) 言語の地位。『言語法』は、初めて普通話と規範漢字を国家の通用言語文字（第2条）と定めた。したがって、普通話と規範漢字の法的位置づけや使用範囲が確立した。

(2) 言語政策。『言語法』が国家通用言語文字の基本的な政策を決めた。すなわち、「国家が普通話を普及させ、規範漢字を推し進める」（第3条）。

(3) 言語権。『言語法』が国民の国家通用言語も文字を学び、使用する権利を確保した（第4条）。

(4) 大原則。『言語法』が国家通用言語文字使用の大原則を決めた。すなわち、「国家通用言語文字の使用は、国家の主権と民族尊厳を保つために有益であり、国家統一や民族団結のために有益であり、社会主義的な物質文明や精神文明の建設のために有益である」（第5条）。

(5) 言語義務。『言語法』が党政機関、メディア、教育、社会福祉（公的サービス）など4大領域の従業員らに対し、国家通用言語文字を学び、使用する義務があると定めた（第9条、第10条、第11条、第12条）。

(6) 民族言語権利。『言語法』では憲法における規定を重ねて言明した。すなわち、「各少数民族は自らの言語文字を使用し発展させる自由を有する」（第8条）。

国家通用語言文字法学習読本』語文出版社、2001年。

4.2.『言語法』の実施

『言語法』が公布施行された後、各地域はそれぞれの状況に基づいて、『言語法』実施法案を制定した。2013 年まで、全部で 32 の地方言語法と規則が登場した。そのうち、チベット、黒竜江と新疆などの 3 省・自治区は、昔の地方言語法を改訂した。北京、山西、四川、重慶、山東、湖北、天津、雲南、遼寧、吉林、上海、江蘇、湖南、福建、広西、安徽、寧夏、浙江、貴州、内モンゴル、陝西、河北、海南、汕頭、太源、大連、西安、南昌、貴陽など 29 の省・自治区・市においては新しい地方言語法と規則が公布された。言語法律や法規の枠組みが形成され、地方言語工作機関が設立された。2010 年までに、全国で省レベルの語言文字工作委員会事務室が 32 箇所あり、専任あるいは兼任事業員が 207 名、市レベルの語言文字工作委員会事務室が 482 箇所、事業員が 1022 人いた[24]。国家通用言語文字の検定試験を行い、国民の言語素質を高めるために科学的評価方法を提供した。その検定試験は、普通話能力試験、漢字運用能力試験、漢語能力試験など三つの部分から構成される。普通話能力試験は、全国範囲で比較的完全な事務ネットワークを作り、コンピュータで行うインテリジェント化された試験方式と管理レベルに入った。2009 年年末まで、全国 1296 箇所で試験センターが作られ、4 万 3291 人の国家レベルや省レベルの普通話能力検定試験の監督者を育て、受験者人数は 3000 万人に達した。

『言語法』では「党政機関、マス・メディア、教育、社会福祉（公的サービス）」などを言語文字事業における 4 大分野と規定された。都市言語工作の評価は、「目標管理、量的評価」の原則と標準に基づいて行い、それぞれの都市における言語文字の 4 大分野での使用の規範化、標準化レベルが評価される。2009 年年末まで 32 の一類都市（直轄市、省都、自治区区都、単

---

[24] 王登峰「記念〈国家語言文字法〉的発布 10 周年専欄」『教育部 2010 年第 8 次新聞発布会文字実録』、中国教育サイト、2010-11-15、http://www.edu.cn/fa_bu_hui_xin_xi906/20101125/t20101125_544409.shtml。

独に並べた市）が基準に達したと認定され、全国における一類都市の89％を占めた。基準に達したと認定された二類都市（地方の市街城区、地区行政公署の所在地の市街区、一類都市が管轄する地方レベルの近郊地区、県政府の所在地）が191あり、全国における二類都市の57％を占めている。基準に達したと認定された三類都市（県レベルの市街城区、県と一類、二類都市が管轄する県レベルの近郊地区、県政府の所在地）が240あり、全国における三類都市の11％を占めている[25]。

　都市における言語使用状況に根本的な変化が現れた。1998年から国務院が毎年9月の第三週を「普通話普及の宣伝週」と決め、現在まで14回宣伝を行い、普通話を普及し、『言語法』を徹底的に実行する重要な拠り所となった。

5. 現代中国の言語政策とその実施

　2000年以来、国家が言語文字規範に関する約20項の標準を公布した。その内容は、言語教育と研究、出版発行、辞書編纂などに関わっている。研究センターを設立し、言語使用実態を監視測定した。8年連続で『中国言語生活報告』（2006～2013）発行した。中国言語資源音声データベースの設立を進め、130項余りの言語文字の応用研究プロジェクト、100余りの少数民族言語文字の標準化、情報化プロジェクトを設けた。近年、社会の文化環境が複雑となり、本来の言語均衡状態は比較的大きな衝突を受け、言語間の矛盾も次第に顕在化した。普通話と方言を共に発展させることは、言語生活と言語文字事業が直面する重要な問題となってきた。

25　同前。

5.1. 方言使用の実態

　2006年5、6月に、広州市政協（政治協商委員会）がネット上「広州テレビ局の放送状況」について調査を行い、広州アジア大会期間中に来る国内外の客らがアジア大会や現地のニュースを理解できるようにするため、広州テレビ局は普通話の放送時間とプログラムを増やす提案を出そうとした。6月6日に、一人のネットワーカーがブログで「広州市政協が広州テレビ局の全ての番組を普通話に変えるつもりだ、正義というのはあるのか」というメッセージを公表した。またたくまに「広東語（粤語）が消滅する」「母語を保護しましょう」等の声があがり、その結果「広東語を残すか、無くすか」との議論が引き起こされた。7月5日に、広州市政協提案委員会副主任が市人民政府へ広州テレビ局総合番組の普通話プログラムを放送する時間についての意見を提出した。またある政協委員が「母語の危機」というブログを公開したことで、メディアのさわぎをさらに助長した。「普通話を普及させ、広東語を廃止する」「広東語が消滅する」などの言い方が現れ、その後「広東語を守る」運動が現れた。

　7月19日に、広州市副書記蘇志佳がメディアに「広東語は嶺南文化の重要な部分である。一部の人々が言っている「普通話を普及させ、広東語を無くす」ということは決してない。政府は「広東語の廃棄」「広東語の弱化」を決して考えたことない」[26]。7月25日に約千人が広州地下鉄南駅の出口で集まり「広東語を守る」集会を起こした。7月28日に広州市政府が記者会見を行い、政府がこれまで「普通話を普及させ、広東語を無くす」という考え方をもったことがないとの立場を改めて示し、これはまったく嘘であると説明した。8月1日に、広州で再び千人の人々が町で集会やデモを行った。香港も広州の「広東語を支える」集会デモを応援していた。事件後はメディ

26　劉海健「広州市委副書記孙志佳接受記者取材時表示——「推廣普通話、絶対不会廃除粤語」（普通話を推し進め、広東語を廃棄することは決して存在しない）」2010年7月20日第1版『広州』。

アがこれを不法な集会であると位置づけた。8月4日、広東省の書記汪洋氏が「アジア大会を迎えるカウントダウン100日の任務達成を誓う会議」で「普通話を普及させ、広東語を無くす」というのは、まったく嘘であると指摘した。彼によれば、私自身も広東語を学んでいる、誰が広東語を無くすというのか、と[27]。それからこの事件はようやく落ちついた。

中国はなお社会変動期にあるため、社会階層は分化し、社会関係は変化が現れた。社会変化によって積み重ねたいろいろな社会問題と社会的矛盾が多発してきた。「広東語を支える」事件の発生も社会的矛盾の現れであり、「偽造の命題」から結局「真の事件」に展開してしまった。この事件から分かるように、言語あるいは方言も政治的道具になり、言語問題は他の社会問題のもとや発散口になる可能性もある。「広東語を支える」事件は、表面的に言語紛糾に見えるが、そのうらには文化衝突や社会的矛盾が含まれている。その事件は地元文化と外来文化の対立、さらに、文化の多様性と文化の一体性の1つの区域における衝突の現れ方であろう。

5.2. 少数民族言語使用と二言語教育

グローバル化の進展によって、国内における改革発展も次第に促進され、少数民族言語文字事業も新たな事態に直面した。少数民族言語文字の応用領域はある程度拡大されたのと同時に新たな問題を迎えた。情報技術やヤフーなど現代的通信技術は、少数民族言語文字の使用に新たなチャンスと挑戦を提供した。

国家民族事務委員会は2010年に『国家民族事務委員会の少数民族言語文字の管理についての意見』を公布した。その内容は21条あり、少数民族言語文字を管理する意義、指導方針、基本的原則、主な任務、政策的措置、実行するシステムなどが含まれている。今後の重要な任務として以下の点が出されている。すなわち、「国家の少数民族言語文字に関する方針や政策を徹

---

[27] 汪洋「我学広東話誰敢廃粤」2010年8月5日『台湾英文新聞』。

底的に実行する。少数民族言語文字の規範化、標準化、情報化事業を進める。少数民族言語文字の翻訳、出版、教育、メディア、放送、テレビ、古典の整理などの事業を促進する。少数民族言語文字の学術研究、協同交流、人材育成などを推進させる。各少数民族が互いの言語文字を学ぶように奨励する」（第7条）。この『意見』では、「少数民族言語文字の関係領域における応用を法律に照らして保障する」ことが特別に強調されている（第9条）。「少数民族の危機に直面している言語を速やかに救助し、保護措置をとる」（第15条）、などがだされた。

　内モンゴル、新疆とチベットなどの民族自治区は、民族言語文字の使用や発展に関する規定と実施細則を制定（修訂）し、実施した。民族自治地方が公布した当該地域の言語文字事業に関する条列のうち、自治区一級レベルのものが13、自治県一級レベルのものが9ある。現在、民族自治地方で民族言語を使用しているテレビ放送機構が154あり、中央と地方のテレビ局は毎日21種の民族言語で放送している。民族出版社が38社あり、26種の民族言語文字で出版物を発行している。2008年に少数民族文字で出版された図書が5561種、6444万冊あった[28]。

　中国にはショオ語、コーラオ語、ホジェン語、オロチョン語、エヴェキン語、ユーグ語、タタール語、トゥチャ語、マン語などの少数民族言語が無くなる危機に近づいている。専門家や学者および各地域の政府が消滅の危機に近づいている言語を積極的に救助し、保護する共同の認識をみせた。①研究者が消滅の危機にさらされている少数民族言語について調査、記録、整理を行い、論著を出版した。②消滅の危機にさらされている言語を手段とした文学や芸術を国家あるいは地方レベルの『非物質文化遺産の保護名簿』に入れ、救助、整理と保護を行った。③国家民族事務委員会少数民族言語文字事業室が新疆ウイグル自治区チャプチャルシボ自治県と貴州省松桃ミャオ族自治県

---

[28] 中華人民共和国国務院新聞事務室『中国的民族政策与各民族共同繁栄発展』中央政府門戸サイド、2009-09-27。http://www.gov.cn/zwgk/2009-09-27/content_1427930.htm

で、当該地域の政府と共同で少数民族双語環境の建設模範区を設立した。④中国各少数民族言語の音声資料を集め整理する目的で、少数民族言語の音声データベースを造り上げるプロジェクトを起動させ、将来の研究、開発と利用するためである。

　少数民族言語文字の規範化、標準化、情報化などの側面においては、今のところモンゴル、チベット、ウイグル、カザフ、キルギス、朝鮮、イ、タイなどの民族文字に文字コードキャラクター、キーボード、母型の国家基準が決められている。国際基準の最新のバージョンでは、中国が提出したモンゴル、チベット、ウイグル、カザフ、キルギス、朝鮮、イ、タイなどの民族文字に文字コードキャラクターが正式に収められている。多種の電子出版システムや事務的なオートメーション化システムが開発され、一部の少数民族文字よるネットサイトが作られ、一部のソフトウエアが既にWindowsで応用できるようになった。少数民族地域で「二言語」（少数民族言語と漢語）教学を行ってきたが、2007年までに、全国で1万所余りの学校で21の少数民族らの29種の言語文字で教育が行われており、在学整数は600万人余りに達している[29]。今後、中国の二言語教育においても重要な変化が現れる。2010年、『中国中長期教育改革と発展計画綱要（2010-2020）』において、「全力で二言語教育を推し進める。漢語語文（国語に当てはまる）を全面的に設ける、国家通用言語文字を全面的に推し進める。少数民族が自らの言語文字で教育を受ける権利を尊重する。就学前の二言語教育（幼児二言語教育）を全面的に強化する。国家が二言語教師の育成や養成、教育研究、教材開発と出版などについて支援をする」と定めた。

　以上のように、中国の言語政策はカナダ、ベルギー、スイスなどと比べると違いは明らかである。中国は、国家の立場で国家通用言語文字を普及させ、単一言語制（モノリンガル）を実行している。しかし、少数民族自治地方においては、当該地域の事情や必要に応じて、それぞれ双語制（バイリンガル）、

29　国務院新聞事務室『中国的民族政策与各民族共同繁栄発展』中央政府門戸サイド、2009-09-27。http://www.gov.cn/zwgk/2009-09-27/content_1427930.htm

多言語制あるいは単一言語制を実行することになっている。前出の国はその逆で、国家全体は、二言語制あるいは多言語制を実行し、地方においては大体単一言語制を取る。

半世紀以来、中国の言語政策は以下の変化を経てきた。すなわち、普通話を普及させる→全力で普通話を普及させる→国家通用言語→国家通用言語を全力で普及させ、漢字を簡略化する→漢字規範化を実現させる→国家通用文字→国家通用文字を規範に合うように使用する。

上述した政策変化を別の視点から「ピンイン化（文字改革）→規範化→法制化」にまとめることも出来よう。半世紀以来の中国における多様な言語政策の変化プロセスを以下のようにまとめられる。すなわち、使用と発展→使用→使用と発展→救済と保護→アカデミックな保護である。

おわりに

新しい時期に入ってから中国の「主体多様」な言語政策に変化が現れた。主体性言語政策は、『憲法』で定められた「国家が全国で通用する普通話を普及させる」という規定から「国家通用言語文字を全力で普及させ、規範に合うように使用する」へと変わった。『憲法』で定められた「各民族が自らの言語文字を使用し、発展させる自由を有する」という規定から「各少数民族の言語文字を科学的に保護する」へと変わったのである。

中国の「主体多様」という言語政策は、言語文字の発展に従い、主体性と多様性の弁証的統一を重視するとしている。国家通用言語文字の主導的機能を発揮させる前提で、少数民族言語文字や方言、繁体字、外国の言語文字の学習と使用などの問題を法律に照らして解決し、法律に従ってそれぞれの役割を果たさせる。各少数民族の言語文字を科学的に保護し、各少数民族の自らの言語文字を使用し、発展させる自由を尊重する。各民族の言語文字が全て国の文化遺産である観点を打ちたて、現実に合致した保護措置を取り、調和的言語生活を構築するなどが主な内容である。

表1-1 中国特大言語と大言語の状況（根据麦克康奈尔一书的数据编制）

言語	言語所属	母語として使用する人数（万）	各民族人口において占める比率（%）*	言語類型	文字類型	言語機能
漢語	チナ・チベット語族	95443.62	95.15	特大言語	伝統文字	全国通用、国連会議使用言語
モンゴル語	アルタイ語系モンゴル語族	273.10	2.72	大言語	伝統文字	全国重大政治会議使用**、地域通用、国境を越える民族間使用
チベット語	チナ・チベット語系、チベット・ビルマ語族	366.32	3.65	大言語	伝統文字	全国重大政治会議使用、地域通用、国境を越える民族間使用
ウイグル語	アルタイ語系トルク語族	597.48	5.96	大言語	伝統文字	全国重大政治会議使用、地域通用、国境を越える民族間使用
カザフ語	アルタイ語系トルク語族	91.28	0.91	大言語	伝統文字	全国重大政治会議使用、地域通用、国境を越える民族間使用
朝鮮語	未定	176.22	1.76	大言語	伝統文字	全国重大政治会議使用、地域通用、国境を越える民族間使用
イ語	チナ・チベット語系、チベット・ビルマ語族	507.84	5.07	大言語	伝統文字（2種）	全国重大政治会議使用、地域通用、国境を越える民族間使用
チワン語	チナ・チベット語系、チワン・ド語族	1131.79	11.28	大言語	新造文字	全国重大政治会議使用、地域通用、国境を越える民族間使用
ミャオ語	チナ・チベット語系ミャオ・ヤオ語族	400.00	3.99	大言語	新造文字（5種）	地域通用、国境を越える民族間使用
プイ語	チナ・チベット語系、チワン・トン語族	139.91	1.93	大言語	新造文字	地域通用、国境を越える民族間使用
トン語	チナ・チベット語系、チワン・トン語族	115.96	1.16	大言語	新造文字	地域通用

ハニ語	チナ・チベット語系、チベット・ビルマ語族	105.78	1.05	大言語	新造文字	地域通用、国境を越える民族間使用
白語	チナ・チベット語系、チベット・ビルマ語族	103.24	1.03	大言語		族内通用言語

*1982年の人口統計資料によるものである（電子計算機精算）。総人口は100391.48万人であり、そのうち「その他」と「外国人中国国籍有する者」を除くと、全国各民族総人口実数は10031.93万人である。

** 全国重大政治会議とは、主に中国共産党全国代表大会、全国人民代表大会、全国政治協商会議をさす。

表1-2 中国小言語状況

言語	言語所属*	母語として使用している人数(万)	全民族人口において占める比率（%）**	言語類型	文字類型	言語の機能
タイ語	チナ・チベット（チワン・トン）	80.38	0.80	小言語	伝統的文字（4種）	地域的使用、国境を越える民族間での使用
リー語	チナ・チベット（チワン・トン）	72.91	0.73	小言語	―	族内交際
勉語（ミャオ族）	チナ・チベット（ミャオ・ヤオ）	70.46	0.70	小言語	―	族内交際、国境を越えた民族間使用
リス語	チナ・チベット（チベット・ビルマ）	48.49	0.48	小言語	近年新造文字（2種）	地区使用、国境を越える民族間使用
ブヌ語（ヤオ族）	チナ・チベット（ミャオ・ヤオ）	31.47	0.31	小言語	―	族内使用
ラフ語	チナ・チベット（チベット・ビルマ）	29.23	0.29	小言語	近年作り出した文字	地区使用、国境を越える民族間使用
ワ語	南アジア(Mon-Khmer)	28.20	0.28	小言語	近年作りだした文字	地区使用、国境を越える民族間使用
スイ語	チナ・チベット（チワン・トン）	26.97	0.27	小言語	―	族内使用
ナシ語	チナ・チベット（チベット・ビルマ）	25.82	0.26	小言語	新造文字	地区使用

ドンシャン語	アルタイ（モンゴル）	24.55	0.24	小言語	—	族内使用
トゥチャ語	チナ・チベット（チベット・ビルマ）	20.00	0.20	小言語	—	族内使用
チャン語	チナ・チベット（チベット・ビルマ）	10.50	0.10	小言語	—	族内使用
キルギス語	アルタイ（トルク）	10.47	0.10	小言語	伝統文字	地区使用、国境を越える民族間使用
トゥ族語	アルタイ（モンゴル）	10.16	0.10	小言語	新造文字	地区使用

* 表の（ ）を付けていない方は語系名称である。例えば、「チナ・チベット」はチナ・チベット語系を指している。（ ）内の方は語族名称である。例えば、「チワン・トン」はチワン・トン語族をさしている。

**1982年の人口統計資料によるものである（電子計算機精算）。総人口は100391.4万人であり、そのうち「その他」と「外国人中国国籍有する者」を除くと、全国各民族総人口実数は10031.93万人である。

表 1-3 中国特小言語状況

言語	言語所属 *	母語として使用している人数(万)	全民族人口において占める比率（％）**	言語類型	文字類型	言語の機能
ムーラオ語	チナ・チベット（チワン・トン）	9.04	0.09	特小言語	—	族内交際
ダフール語	アルタイ（モンゴル）	8.55	0.09	特小言語	—	族内交際、国境を越えた民族間使用
載瓦語（チンポ族）	チナ・チベット（チベット・ビルマ）	6.92	0.07	特小言語	新造文字	地区使用、国境を越える民族間使用
嘉戎語（チベット族）	チナ・チベット（チベット・ビルマ）	6.29	0.06	特小言語	—	族内交際
サラ語	アルタイ（チュルク）	6.26	0.06	特小言語	—	族内交際
プーラン語	チナ・チベット（チベット・ビルマ）	5.33	0.05	特小言語	—	族内交際、国境を越えた民族間使用
マオナン語	チナ・チベット（チワン・トン）	2.86	0.03	特小言語	—	族内交際
シボ語	アルタイ（マン・ツングス）	2.74	0.03	特小言語	近創文字	地区通用

言語	語族					
チンポ語	チナ・チベット（チベット・ビルマ）	2.38	0.02	特小言語	近創文字	地区使用、国境を越える民族間使用
タジク語	インド・ヨーロッパ（インド・イラン）	2.31	0.02	特小言語	—	族内交際、国境を越えた民族間使用
アチャン語	チナ・チベット（チベット・ビルマ）	1.76	0.02	特小言語	—	族内交際、国境を越えた民族間使用
エヴェンキー語	アルタイ（マン・ツングス）	1.70	0.02	特小言語	—	族内交際、国境を越えた民族間使用
チノー語	チナ・チベット（チベット・ビルマ）	1.20	0.01	特小言語	—	族内交際
トーアン語	南アジア（モン・クメール）	1.17	0.01	特小言語	—	族内交際、国境を越えた民族間使用
怒苏語ヌー族	チナ・チベット（チベット・ビルマ）	1.15	0.01	特小言語	—	族内交際、国境を越えた民族間使用
トールン語	チナ・チベット（チベット・ビルマ）	1.06	0.01	特小言語	—	族内交際、国境を越えた民族間使用
ボウナン語	アルタイ（モンゴル）	0.96	0.01	特小言語	—	族内交際
キン語	係属未定	0.87	0.01	特小言語	—	族内交際、国境を越えた民族間使用
拉珈語（ミャオ族）	チナ・チベット（チワン・トン）	0.87	0.01	特小言語	—	族内交際
コーラオ	チナ・チベット（チワン・トン）	0.67	0.01	特小言語	—	族内交際
Cangluo・moinba語(メンバ族)	チナ・チベット（チベット・ビルマ）	0.51	0.01	特小言語	—	族内交際、国境を越えた民族間使用
ウズベク語	アルタイ（チュルク）	0.50	0.01	特小言語	—	地区使用、国境を越える民族間使用
西部ユーグ語（ユーグ族）	アルタイ（チュルク）	0.46	0.01 以下	特小言語	—	族内交際
東部ユーグ語（ユーグ族）	アルタイ（モンゴル）	0.34	0.01 以下	特小言語	—	族内交際
オロチョン語	アルタイ（ツングス）	0.21	0.01 以下	特小言語	—	族内交際

トワ語（モンゴル族）	アルタイ（チュルク）	0.19	0.01 以下	特小言語	—	族内交際、国境を越えた民族間使用
ローバ語	チナ・チベット（チベット・ビルマ）	0.14	0.01 以下	特小言語	—	族内交際、国境を越えた民族間使用
ツォナメンバー（メンバ族）	チナ・チベット（チベット・ビルマ）	0.11	0.01 以下	特小言語	—	族内交際、国境を越えた民族間使用
タタール語	アルタイ（チュルク）	0.10	0.01 以下	特小言語	—	地区使用、国境を越える民族間使用
ショオ語	チナ・チベット（ミャオ・ヤオ）	0.10	0.01 以下	特小言語	—	族内交際
ホジェン語	アルタイ（マン・ツングス）	0.02	0.01 以下	特小言語	—	族内交際、国境を越えた民族間使用

*表の（　）を付けていない方は語系名称である。例えば、「チナ・チベット」はチナ・チベット語系を指している。（　）内の方は語族名称である。例えば、「チワン・トン」はチワン・トン語族をさしている。
**1982年の人口統計資料によるものである（電子計算機精算）。総人口は100391.4万人であり、そのうち「その他」と「外国人中国国籍有する者」を除くと、全国各民族総人口実数は10031.93万人である。

表1-4 中国少数民族における漢語およびその他の少数民族言語ができる人口の比率

民族	漢語ができる人口比率%	他の少数民族言語ができる人口が最も多い	民族内で占める割合%
満族	100	朝鮮語	0.02
コーラオ族	100	—	—
ホジェン族	100	—	—
ショオ族	99.8	—	—
オロチョン族	99.3	ダフール語	19.5
トゥチャ族	98.2	—	—
キン族	96.7	—	—
チャン族	93.1	—	—
シボ族	91.1	カザフ語	13.1
ボウナン族	90.6	—	—
ユーグ族	85.5	—	—
ダフール族	72.7	モンゴル語	30.1
リー族	70.6	勉語（ヤオ族）	0.1
トゥ族	70.0	チベット語	11.9
トンシャン族	65.6	ウイグル語	2.1
サラール族	64.1	チベット語	6.5
フイ族	63.5	スイ語	0.7
白族	63.2	リス語	5.3

エヴェンキ族	62.9	モンゴル語	46.4
ムーラオ族	61.1	チワン語	7.7
チワン族	57.7	トン語	0.1
ナシ族	56.1	リス語	4.8
ジーヌオ族	51.2	タイ語	0.8
アチャン族	50.8	タイ語	9.8
マオナン族	49.7	チワン語	29.7
トン族	49.1	ミャオ語	2.2
モンゴル族	48.8	ウイグル語	1.1
プミ族	48.5	ナシ語	21.0
ヤオ族	48.2	チワン語	3.8
イ族	44.9	チベット語	0.1
トーアン族	44.9	タイ語	20.3
朝鮮族	44.8	ダフール語	0.01
ミャオ族	43.4	トン語	1.3
タイ族	42.4	載瓦語（チンポー族）	1.2
スイ族	41.9	—	—
ハニ族	38.7	イ語	0.1
プーラン族	38.3	タイ語	20.5
チンポー族	34.4	アチャン語	2.4
ラフ族	33.5	タイ語	1.0
ワ族	33.5	タイ語	1.7
リス族	20.3	白語	7.3
ヌー族	19.2	リス語	32.8
チベット族	16.6	チャン語	1.1
トールン族	14.0	リス語	0.2
カザフ族	7.9	ウイグル語	5.0
ロッパ族	7.3	チベット語	71.9
キルギス族	5.7	ウイグル語	65.5
メンパ族	5.3	チベット語	17.9
ウズベク族	5.0	ウイグル語	57.3
タタール族	4.9	カザフ語	56.9
タジク族	2.6	ウイグル語	53.0
ウイグル族	0.5	キルギス語	0.1

言語の危機と言語の権利
付録:中国危機言語データベース基準(案)

範 俊軍

少数民族の言語危機と言語人権について

1. 危機言語の歴史趨勢と現実的緊迫性

　言語の危機と言語の消滅は、歴史上の自然な過程である。言語の発展と進化の趨勢としては、最初は少ない数の言語であったところ、部族の繁栄と遷移に伴ってその構造が多様化して増えていったが、民族と部族が融合したことにより、言語が同一化して減少もする。この過程は、人類の生産、生活方式の発展や変化と密接な関係がある。人類最初の社会形態は小型の狩猟群体であり、狩猟するために世界各地に移動して広がった後に、次第に定住し、数多くの部落を形成して、言語も分化と膨脹を繰り返し、数多くの言語と言語システムを生みだした。これが言語膨脹期あるいはパンクチュエーション(punctuation)[1]である。部族がある程度移動すると、言語は膨脹しなくなり、世界の多言語バランスが保たれる状態になった。この段階で世界の言語多様性は最も豊富になり、かつて全世界には8000〜2万種類の言語が存在した

---

[1] N.Eldridge & S.J.Gould, Punctuated equilibria: an alternative to phyletic gradualism in: T.J.M. Schopf (Ed), *Models in Paleobiology*, San Francisco, Freeman Cooper, 1972, pp. 82- 115.

といわれる。それぞれの言語は適材適所で使用され、言語生態の調和と安定がとられるようであった。

　農耕業が出現するまで、人類は3つの大規模な移動と進出を行った。1つ目は、南西アジアのメソポタミアからユーラシア大陸への進出。2つ目は、サハラ砂漠を越え、アフリカ大陸へと到達した。3つ目は、東アジアへの進出である。この3つの遷移に伴って世界の言語構造にも重大な変化が生じ、原始の土着狩猟部族の言語が外来者の言語に取って代わった。この時期には一部の語系が急速に分化していたが、全体的に見れば、言語の消滅よりその言語の分化は遅かったのである[2]。その後、世界は新しい言語の均衡期へと進み、言語分化のスピードが落ちた一方、人類の大遷移によって、言語が大量に消滅することはなく、言語生態のバランスがとられるようになった。

　16世紀から、ヨーロッパの植民地拡張、工業化がおこり、民族国家が現れたので、世界の構造にも重大な変化が生じた。その結果、一部の民族や部族及びその文化、言語は優位を占めるようになり、少数民族と人数が少ない土着部族の言語が大量に消滅した。その後、少数民族の言語は危機にさらされ、言語生態のバランスが完全に破られた。特に19世紀後半以来、情報化とグローバル化によって、人類の言語、特に少数民族と人数が少ない土着部族の言語は、空前の生存危機に遭わされ、世界の言語の多様性が急速に失われた。少数の強い言語は、政治、経済、教育、公共サービスの面で優位を占めるだけではなく、現代の情報技術やメディア技術を持って、圧倒的な優勢で、弱い言語の中心地域に侵入した。昔何百年何千年とかかって発生した言語の衰退は、現代において何十年ひいては十何年だけでよぎなくされてしまう。この状況は、自然的な言語生態のプロセスではない。言語の多様性を急速に失うことは、人類文化の多様性や社会の持続的な発展にとって深刻な脅威となっている。言語の危機と消滅は、今や切実な問題となり、自然生態や人文社会の生態危機の構成部分でもある。人類社会は持続的に発展するため

2　L. Whaley, The Futuer of Native Languages, *Future* 35, 2003, from: www.elsevier.com.locate futures

に、言語生態のプロセスに積極的に関与し、言語生態のバランスを取りもどすように、その安定的な発展を守らなければならない。

2. 危機言語と言語生態学の視角

　現在、危機言語問題は学界と社会で注目される重要な問題になっている。危機言語の研究、保護や実践の中で、言語生態の保護と改善が一番重要であると考えられる。危機言語を保護することは、危機言語の生命力を高め、言語の活力を取り戻すことにつきる。言語は、能動的に発展できると筆者は指摘した[3]。この目的を達成するために、現在の理論と認識における誤解を解消すべきである。危機の根源は言語自身ではなく、言語の外部の生態環境によるのである。言語が接触することによって危機言語が生まれるという見方もある。実際に、言語の接触が起きていない場合にも、(例えば自然災害、疫病、人種殺戮など) 言語の危機と消滅の現象も現れるが、逆に言語間が頻繁に接触することは、必ずしも言語が危機と消滅に陥いる原因になるとは限らない。言語接触は危機言語の潜在的な条件というだけであり、危機言語の根源ではない。

　一方、異なる言語の存在する社会において、社会機能の弱い言語は、危機と消滅に陥りやすいというような見方もあるが、これも正しいとは思わない。言語共同体の社会的機能及び言語自身の社会的機能とを同一視してはならないからである。言語の発展史をみると、言語の危機と言語の消滅は、言語の潜在的な機能の強弱の違いによるものではなく、言語の構造に優劣があるためでもない。言語の生態が壊されることによって危機が現れると考えられる。「危機言語の出現は、外部の力（例えば軍事、経済、宗教、文化、教育）に迫られたこと、または、内部の原因によるものと考えられる。言語グループ内では母語に対しての拒絶的な態度などが現れるのも一例である。ただし、

---

[3] 范俊軍『関於語言生態危機的幾個問題』兰州大学学報（哲学社会科学版）、2005, (6)。

内部の要素と外部の圧力と関係がある」[4]。ユネスコによって公表された『言語の活力と危機言語』でも、危機言語を作りだす原因を科学的に分析した。

　危機言語の研究や言語生態の実践、保護は堅持するべきであり、危機言語の保護は言語、文化の多様性にとって重要である。言語多様性の保護のために、少数民族の言語と数少ない人々の言語の消滅過程を遅らせるという考えがある。このような見方は、言語多様性の保護を、受動的に言語の見本を保存し、言語化石を守ることと理解している。言語の消滅は伝統文化と文物の消失と同じであると考えているようである。しかしそれは違うのである。言語生態学に強調された言語多様性とは、生物文化多様性（biocultural diversity）と密接な関係があり、人・社会・自然複合生態体系の言語多様性である[5]。多言語が相互に依存、共存することにより、言語は、エネルギッシュで有機的な言語多様性となるのである。各種類の言語は、使う人が少なくても、他の言語に対して、物質とエネルギーと情報交換の通路と源泉であり、言い換えれば、各種類の言語は他の言語文化からエネルギーをもらって、（物質の形態としての音声及びエネルギーと情報としての考え方、概念、文法、語義を含む）生存と発展することができるのである。言語多様性を保護することは、社会の主要民族から少数民族に施しと救助を与えるのではなく、少数民族の言語は生存空間や生存権力を自らかちとるべきである。

　言語に本来優劣の差はなく、機能の強弱もない。特定の部族の社会的要求に応じて言語が生み出され、部族の考え活動の中で、最大の作用を発揮するのである。すべて言語は部族から生まれ、伝わり、その集団の認識、考え方、実践成果などを正確に表現できるものとなるのである。つまり、本部族にとって、自分の言語こそ生命力に満ちているのである。言い換えると、自分の言語は他者にとって、完璧ではない欠点のあるものかも知れないが、他

---

[4] UNESCO Ad Hoc Expert Group on Endangered Language Language Endangerment and Vitality [OL] From: http: por tal unesco org culture

[5] Luisa Maffi Linguistic and Biological Diversity: the inextricable link [OL] Terralingua Discussion Paper # 3 from: ht tp: www terralingua org

者の認識、考え方、実践成果を十分かつ正確に表せないのが当たり前である。それで優劣の判断をしてはならない。言語の社会機能の強弱とは、実際に言語の本質の機能ではなく、多言語社会の中で、言語共同体の間の政治や経済などの分野での権力、地位と作用によって決められるのがほとんどである。言語共同体の社会権力と役割機能と、その言語の機能と同一視してはならない。この観点がなければ、言語不平等という観点は広がってしまう。現に言語不平等という考えはすでに復活の予兆があった。

　言語の本質的性格は社会性であると強調されるが、このような社会性とは汎社会性ではなく、特定の社会性にすぎない。言語部族あるいは言語共同体の社会権力には不平等がある以上、それは言語の不平等とはただちに言えない。人類社会の生存と発展にとって、生物文化多様性と言語多様性は不可欠であり、危機言語の理論研究と実践探索の中で、言語生態観を確立し、言語平等観を持つべきだと筆者は思う。

3. 危機言語の保護の人権視角

　言語平等という考え方を広め、少数民族と社会公衆に普遍的な言語平等の意識を持たせることは、言語生態の保護と改善にとって大切である。言語平等観が人の心に深く入り込むことができれば、本民族の言語は社会での役割と価値を認識できるようになり、言語アイデンティティと民族感情の維持を強化することができる。しかし、少数民族と地元の土着部族の言語権が抑制されることは、世界言語生態危機の中で、普遍的な現象である。言語部族に対して、言語権が抑制された結果、少数民族言語のアイデンティティと母語感情が弱められることになる。さらに、言語的劣等感が生じて、母語を断念してしまうことすらある。少数民族と土着部族は言語権を抑制されることによって、主体民族による少数言語文化を排斥する結果をもたらしやすい。これでは、少数民族と部族の人権を保障することができない。

　言語権が抑制される根源は政治にある。言語問題が政治問題になるという現象は、多民族国家で普遍的にみられる。例えば、統一的な国家で主体民族

の言語が同一化を保証しなければならず、多言語の存在と強化は社会の不安定化の温床となりかねないと危惧し、それにより国家の安全が脅かされると主体民族の一部の為政者はそれをかたく信じる。このため、政治の力を借りて、国家語を強化し、他の民族言語を抑圧してしまおうとしたのである。しかし、言語の同一化は、文化の単一化を伴ってしまう結果を招来する。言語には民族の特性があり、民族親和力と民族認識の重要な表現になる。言語の同一化は異文化と民族権益に干渉と脅威を与えることになり、国家の安定と安全を促進しないだけではなく、逆に、民族関係を悪化させ、ついには国家の動乱を引き起こすことになりかねないことを知っておきたい。このような事実は、20世紀後期からますます多くの知識人と国家政府に認識されてきた。それにより、少数民族の人権を守ることと人権運動は政治、経済、社会運動から文化方面に広がってきて、言語人権の思潮も生まれた。

　言語人権思想は、ヨーロッパ人権運動の直接的な産物である。言語人権（language human rights）あるいは言語権（linguistic rights）の概念は、Fransisco Gomes de Matos, Tove Skutnabb-Kangas と Robert Philipson 等により20世紀80年代に提出された[6]。周知のように、海外植民、工業化、経済一体化などの人類社会の重大な変革はヨーロッパから始まったのである。ヨーロッパ一体化が推進することにしたがい、ヨーロッパ伝統地域の少数民族と土着部族文化が深刻な危機に遭遇した。このような時代背景において、文化人権運動が生まれ、1984年に、Fransisco Gomes de Matos は国際現代言語教師協会（FIPLV）に言語人権公約の制定について意見書を提出し、世界言語権宣言の作成について提案した。1996年、Tove Skutnabb-Kangas の主張に応えて、ヨーロッパ非政府系組織と民間組織はバルセロナで会議を開き、『世界言語権宣言』（Universal Declaration of Linguistic Rights, UDLR）を討論して採択した[7]。そのあと、ユネスコに提出したが、この宣言はユネスコでは

6　Domna Stanton, On Linguistic Human Rights and the United States "Foreign" Language Crisis, *Profession*, 2005, by Modern Language Association.

7　Universal Declaration of Linguistic Rights [OL] Barcelona, June, 1996. Http:www

採択されなかった。しかしそれにもかかわらず、ヨーロッパの少数民族言語保護への大衆意識と国家政策に積極的な影響を与えたことには間違いがない。

1998年、ヨーロッパ連合はヨーロッパ本土少数民族と地元少数民族の言語問題をめぐって、『地域語少数言語欧州憲章』(European Charter for Regional or Minority Languages) を署名した[8]。その年、ノルウェーの首都オスロでヨーロッパ非政府組織は、『民族的少数者の言語権に関するオスロ勧告』を署名した。憲章に応じて、締約国は行政、司法、メディア、公共サービス、経済、社会生活の分野において、少数民族言語と土着部族言語についてすべての差別を除去しなければならない。さらに、入学前教育、小学校、中学校、高校、大学及び生涯教育など教育の中で、地方言語と少数民族言語を広範囲に使用するようにしたい。少数民族言語はヨーロッパの貴重な財産と伝統であり、少数民族言語も民主と文化多様性原則の重要な構成部分であり、国家の主権もそれに従わなければならないと憲章は力説した。このように、ヨーロッパ憲章に登場することは、文化人権運動の重要な成果であった。

中国においても、ここ数年で言語権あるいは言語人権は学界に注目されるようになった[9]。しかし、まだ全体的に重視してはおらず、政策制定と立法面でも承認されていない。民衆の言語権意識はほぼ見られないのである。世界的に見て、言語権思想は、国連の世界人権宣言と市民・政治権力の国際公約において、その原則と主旨が取り入れられてきた。それとともに、人権基本構成部分の文化人権として、他の人権と密接な関係にあることも徐々にその認知度が高まってきている。言語人権は集団言語権（collective）と個人言語権（individual）が含まれる。言語権問題は、多民族国家と地域の中で、少数民族あるいは少数者の使う言語が消滅の危機に直面している現実的背景のもとで提起されたのであり、ヨーロッパの学者、政府及び国連が主張してい

---

  egt ie udhr udlr- en html

8 Council of Europe European Charter for Regional or Minority Languages [OL] From website : http: conven tions coe int Treaty EN CadreListeTraites htm

9 周庆生、王杰、苏金智『語言与法律研究的新視野』北京：法律出版社、2003。

る言語権は、少数民族の言語権と母語権を含めている。中国の現状では、まず、政治と立法、文化などの面で、少数民族の言語権という問題を、何よりも研究の重点とすべきであろう。このような方向に沿って、言語権問題の解決を深く考察していくべきである。言語権の特徴としては、次のようにまとめられる。

（1）集団性あるいは群体性。言語と特定の民族共同体は、集団としての特性がある。言語権はまず民族あるいは部族の集団権である。民族的身分としての本族語を身につけ、使うかどうかにかかわらず、言語権を与えられる。つまり、言語の使用、伝承及び発展も民族と部族の集団意識に依存している。

（2）地域性。すべて民族と部族は特定の生存地域がある。歴史において、民族と部族は移動することがあり、新たな移動地において、長い時間をかけて順応して生息していき、そこで、民族的な特色を残していく。特定の自然環境は特有の生産・生活方式を決定し、民族特有の文化と社会構造もはぐくまれる。そこに民族の生命根源があり、言語活力の源がある。このような地域空間も民族の核心社会空間である。言語権は、民族特定の伝統地域にかかわっており、言語権の取得・保持・行使は、民族と部族の地域空間においてしか、最大限に実現することができないからである。民族伝統地域と部族社会空間から離れれば、言語権の保障が実現しにくくなる。

（3）非排他性。言語権は基本人権の1つであり、すべての民族と部族の本族言語権が侵害また剥奪されてはならない。同時に、すべての民族と部族は他民族言語を学習と使用する自由もある。民族言語権の取得・保持・行使は排他性がない。すべての民族言語と文化は、自身の活力を維持し、持続可能な発展を実現するために、他民族言語文化から養分を吸収しなければならない。つまり、他族言語を排斥することは、本族言語の健康な発展に対して不利であり、最終的に本族言語権も保障されないのである。

（4）非独立性。言語権は人権システムの有機的な構成部分であり、その取得と行使・保障という機能と他の領域の人権が互いに依存する。例えば、言語権は言語の学習権、使用権、伝播権、接受権と関連する。言語学習権は

教育を受ける権利の構成部分である。しかし、言語使用権、伝播権、接受権は政治権、発言権、言論自由権、文化権、生存権、発展権なども関連しており、言語権の取得・保持・行使と教育、行政、司法、政治生活、社会事務、ビジネス、メディアなどの分野の権利と密接な関係がある。民族はこのような分野の権利が保障されなければ、民族言語権も空中の楼閣になってしまう。言語権の実現と保障は他の人権の実現と緊密に結びついているのである。

（5）拘束性。民族の集団的権利である言語権は、強制性がないにもかかわらず、一定の拘束性がある。主に2つの方面がある。1つ目は、民族地域と社会空間において、本族の言語を学習・使用・伝播・受け入れる責任と義務がある。民族言語権は、民族的意志の表現であり、自分の民族と部族の身分を承認する人は、同時にその民族的意志への参与と順応する権利及び義務がある。このような義務は法律形式で拘束できないが、民族と部族の観念と文化によるソフトな制約がかかるのである。2つ目は、民族と部族の言語権は剥奪してはいけない。民族の他の権利を実現するとともに、他の言語権も保障しなければならない。例えば、民族と部族の教育を受ける権利を保障する時、国家共通語教育を実施すれば、同時に本族言語の教育も実施しなければならない。このような拘束性をおろそかにすれば、政治と立法方面における民族と部族の言語権が保障できなくなる。

現在、危機言語はほとんど、少数民族言語あるいは少数地域の土着部族言語である。少数民族の集団言語権を実現、保障することは、伝統文化の保護と発展・多元文化の構築・民族の調和と社会安定・国家の文化安全と密接な関係がある。中国の憲法第4条第4項に規定されたように、各民族は自分の言語文字を使用し発展する自由があると決められており、民族の言語権を制限、剥奪してはいけない。しかし、現代経済グローバル化とともに社会生活現代化のショックも加えて、劣勢に立つ少数民族言語と文化を保護するためには、民族言語権の尊重と維持を提唱するだけでは不十分である。拘束力を持っている法規と政策によって、民族地域すべての社会分野で、少数民族と部族の集団言語権を保障することが重要である。

1、中国では通用言語文字法だけがあるが、少数民族言語文字を含めている国家言語文字法はない。関連諸法律の中では民族言語に言及しているが、明らかに民族言語権を保障する条項が足りない。例えば、『中華人民共和国民族区域自治法』の第37条第3項では、「主に少数民族の学生がいる学校（クラス）及び他の教育機関では、条件があれば、少数民族文字の教科書を採用し、少数民族言語で授業をすべきである。状況によって、小学校低学年あるいは高学年から漢語の課程を開設し、全国通用の共通語と標準化漢字を普及する」、『中華人民共和国教育法』の第12条では、「漢語文字を学校と他の教育機関の基本教育言語文字とする。主に少数民族の学生がいる学校（クラス）及び他の教育機関には、本民族あるいは地元の通用言語文字で授業をすべきである。地元各級教育体系の中で、言語の地位と作用を確立することは、少数民族言語の生存と発展に対して重要であり、これも民族言語権が根本的に実現できる重要な保証である」とある。以上の法規では「すべき」、「できる」という曖昧な表現を使用し、民族言語を民族区域教育体系の主体地位とすることを明らかにしなかった。地方政府と権力機構に対して拘束力がない。

2、民族区域と空間において、民族言語（及び文字）を行政、司法、政府側のメディアの主体地位とすることも明らかにしなかった。実際に、地域のバイリンガル制も実施していない。適切に援助する政策もない。例えば、政府機関、司法機構、人民代表大会などの行政用語、テレビ、放送などメディア言語は、数多く通用言語を主体とする。少数民族の人々の言語によるサービスは制限か剥奪されている。民族地域と社会空間において、集団言語使用権は本族言語の「聴く」、「言う」、「読む」、「書く」を含めているが、少数民族の人々は自分の心得た本族言語で情報を受けとるという権利は剥奪された。テレビ放送が家庭に普及したが、本族の言語つまり母語はテレビ放送の主体となっていない。本族母語の薫陶を受ける空間である家庭の空間も共通語に占有され、本族言語の習得と伝承が抑制され、民族集団言語権としての言語発展権が侵害されている。

3、民族地域の経済と社会生活、さらに、公共サービスと文化サービスな

どの面において、民族言語の使用を促進するための政策が不十分である。そのために、少数民族の本族言語を学習・使用・伝播する意欲が引き出されていない。

　4、民族発展の援助において、経済発展だけに注目して、自然、社会、文化の保護を経済発展に関連づけていない。現在、少数民族の居住地の生態権のための専門的保護法規も不十分である。

　こうした情況にかんがみ、言語多様性と文化多元性の保護、民族調和状態の維持、国家文化安全の促進などの面から、少数民族と部族の危機言語問題を検討しなおさなければならない。保護とは、具体的な保存と維持だけでなく、すべての言語と文化生態を自発的で効果的に改善すべきであり、民族言語と文化財の内在生命を強化して、自身の持続可能な発展することを実現させることを意味する。この目標を実現できる強力な政策と法規を一日も早くうちたてることが必要である。

付録：中国危機言語データベース・デジタル基準（案）

1. 中国危機言語データベース・デジタル基準説明

中国言語学界では、危機言語について2つの異なる観点がある。1つは、危機言語が消滅せざるをえないもので、守るすべもなかろう。もちろん、危機言語に関する調査研究は、いわばターミナルケアのような行為にすぎないという考えであり、これに対し、全体的に危機言語に対して能動的な態度を取るべきであり、完全に危機に瀕した言語を守れないにしても、適切に手立てを講じれば、アカデミックな保護を得ることができるだろうという考え方である。2012年、中国国家言語文字事務委員会によって公布された『国家中長期言語文字事業改革と発展計画綱要（2012-2020）』において、中国の言語文字について、3つの科学的保護政策が提出された。

(1) 各民族の言語文字を科学的に記録と保存する。
(2) 少数民族の言語文字に関する情報をデジタル化する。
(3) 少数民族の危機言語を保護する。

少数民族の危機言語を保護するにあたって、具体的なやり方としては2つの方法がある。1つは保存（conservation）、もう1つは保護（protection）である。2011年に公布された『中華人民共和国無形文化財法』の第3条では、"保存"と"保護"に対して明確な定義と説明がなされた。

> 第3条　国家が無形文化財に対して認定、記録、アーカイブなどの措置により保存する。さらに、中華民族の優秀な伝統文化の代表として、歴史、文学、芸術、科学などの無形文化財については、伝承、伝播と保護を行う。

危機言語の使用人口が少なく、使用範囲も狭いので、伝承と伝播するため

に、持続的な人力や物資や財力は必要条件である。しかし、その効果が必ずしもよいとは限らない。現在の国際状況からみて、主な危機言語に対しては、記録及びアーカイブを行うのが普通となった。例えばロンドン大学東洋アフリカ研究学院、アメリカのオークランド大学、オーストラリアのメルボルン大学などでは危機言語データベースがあり、10年ほど前から、中国政府の科学研究基金において数多くの危機言語調査研究項目を援助した。また、一部の大学及び研究機関は危機言語音声データベースを構築し始めて、危機言語メディアデータを採集して収録するようになった。しかし、現在の段階ではまとまった危機言語に関するデータベースあるいはアーカイブは、まだできていない。調べたところによると、現在までの危機言語データベースは、言語学者個人の学術研究を目的とするものがほとんどで、危機言語の記録内容、記録方法、記録の品質に対しての基準はなく、記録資料の加工方法、さらに危機言語の記録資料の保存という問題などについても共通した基準はなかった。実際に、現在までの世界で最も大きい危機言語データベース――ロンドン大学東洋アフリカ研究学院の危機言語データベース（ELAR）でも、まとまった基準もない。中国の少数民族言語は128種類がある。その中で、危機に瀕した言語は50％を超えている。中国の少数民族言語には、漢・チベット、南アジア、南島、アルタイ、インド・ヨーロッパ等五つの語族がある。少数民族の危機言語を科学的に記録して、データベースとして保存すべきである。『中国危機言語データベース・デジタル基準』を統一的に制定しなければならない。言語学者たちに根拠となる実践基準及び技術基準を提供することである。

　『中国危機言語データベース・デジタル基準』を制定するに際して、以下3つの基本原則に従った。

　　1、国際的にまとまった基準及び規範を参考にすること。
　　2、国際的な基準及び規範について、中国の危機言語の状況に従い合わせて修正する。
　　3、国際的に定まっていない基準及び規範について、中国の危機言語

の状況に基づいて、新たな基準及び規範を制定する。

『中国危機言語データベース・デジタル基準』には、以下の基準及び規範を制定する。

1、危機言語データベースのデータ構成。全体的に危機言語を保存するために、危機言語データベースはメディアデータ、転写データ、記述データ、メタデータなどの4種類のデータからなっていることが必要だ。各種類のデータは種類と数にも具体的に規定がある。

2、危機言語データベースのデータファイル・フォーマットと設備するソフト。危機言語記録資料データの永久性、実用性と安全性等のために、危機言語記録資料のデータファイル・フォーマット、ソフト、設備について規定しなければいけない。

3、危機言語資料データの記録。危機言語記録資料の品質と数量を保証するために、言語フィールドワーク調査に実践の規範を提供しなければいけない。例えば、危機言語のデータ資料を獲得・記録する場所、異なる場所では、異なる設備を使うこと、異なる言語データを採録することについても規定すべきである。

4、危機言語データの転写と制作。すべての危機言語データベースのデータ・ファイルは、転写基準にもとづき行わなければいけない。特に録音と録画資料は転写基準がなければ、使いものにならないからである。記録資料の転写基準の精密度及びそのプログラムについても規定しなければいけない。実際に行う者にはガイドラインを提供しなければならないのである。

要するに、かりに危機言語が消滅したとしても、記録とアーカイブした危機言語のデジタル資料は、それによって後世の人が学習し、回復することができなければならない。『中国危機言語データベース・デジタル基準』を制定することは、中国の危機言語の調査記録及びアーカイブについて、理論の規範、実践の規範、技術の基準を提供することである。

2. 中国危機言語データベース・デジタル基準

目　次

1　適用範囲
2　参考と引用するファイル
3　用語と定義
4　データベースの構成と類型
　　4.1　メディアデータ
　　4.2　転写データ
　　4.3　メタデータ
　　4.4　記述データ
5　データファイル・フォーマット、ソフト・ツールと録音設備
　　5.1　メディア・データファイル・フォーマット
　　5.2　転写データファイル・フォーマット
　　5.3　文書データファイル・フォーマット
　　5.4　ソフト・ツール
　　5.5　録音設備
6　自然口語の現象の分類
　　6.1　言語音声現象
　　6.2　非音韻的な人間の音の現象
　　6.3　雑音
7　自然口語の転写規約
　　7.1　転写レベル
　　7.2　口語現象の標記記号と用法
8　文法標記記号
　　8.1　品詞標記記号
　　8.2　文法標記記号
付録1　メタデータの見本
付録2　最小限の転写の見本

1. 適用範囲

本文書は、危機言語の音声言語保存記録のデータ項目、データ類型、データファイル・フォーマット、メタデータ及びデータ転写標記規則について、定義を加えるものである。

本稿は中国における危機言語の記録と保存のために適用する。危機言語の口語コーパス或いは非危機言語保存記録の参照原則としても用いられる。

2. 参考と引用するファイル

本稿の参考や引用となる国際標準、わが国の標準及び規範的なファイルは次のようである：

国際標準化機構標準：ISO 639-3:2007

国際標準化機構標準：「ダブリン・コア・メタデータ要素セット」（ISO 15836:2003）

ユネスコのファイル：Language vitality and endangerment, 2003

中華人民共和国国家標準：GB/T20532:2006

カリフォルニア大学サンタバーバラ校：「Santa Barbara Corpus of Spoken. American English Discourse Transcription Conventions」（SBCSAE DT2, 2006）

The Max Planck Institute for Psycholinguistics：「IMDI Part1a Metadata Elements for Session Descriptions」（ISLE Metadata Initiative,2003）

LDC RT-03,RT-04 Transcription, 2004

OLAC Role Vocabulary, 2006

OLAC Metadata, 2008

OLAC Recommended metadata extensions, 2008

OLAC Discourse Type Vocabulary, 2012

ウイーン大学、オックスフォード大学出版局：VOICE Transcription Conventions, 2008

Institute of German languages：GAT2, 2009

台湾中央研究院言語研究所：「Discourse Tag list」, 2005

3. 用語と定義

3.1. 音声言語保存データベース
デジタル音声ファイルを主な保存形式と表現形式としている口語資料の順序づけのセットのこと。音声と同時になる転写テキスト資料が含まれる。

3.2. データベースファイル
危機言語保存記録に含まれるすべての資料のデジタルファイルフォーマットのこと。

3.3. メディアデータ
デジカメ音声ファイル、コンテナ、画像ファイルなどのフォーマットで保存される言語資料のこと。

3.4. 分離されたメディアデータ
デジタルコンテナから分離された音声ファイルと静的画像ファイルデータのこと。

3.5. マルチモーダルなデータ
言語音声と言語行為を学際的方法で測定・分析することによって得られるデータのこと。

3.6. 記述的データ
危機言語の特徴と関係知識を記述することを主な内容とするテキストデータのこと。

3.7. 転写データ
デジタル音声ファイルとコンテナを同時に転写するテキストのこと。ファイルフォーマットはソフトによって異なる。

3.8. メタデータ
危機言語保存記録における各種のリソースを記述・標記するためのデータのこと。

3.9. 転写規則
口語を転写・標記するに用いられる記号・標記と規則セットのこと。

3.10. 転写記号
転写テキストに口語現象を転写・標記するに用いられる記号と標識。

3.11. 楽譜的構成
口語転写ファイルの組織されたモードのこと。多声的な楽譜のように、異なるテキストがそれぞれの層に転写される。

4. データベースの構成と類型
危機言語保存記録はメディアデータ、転写データ、記述データ、メタデータなどの4種類のデータからなっている。各種類のデータには必須項目と随意項目が設けられる。必須項目は言語保存記録にとってなくてはならないデータである。随意項目はなくてもかまわないデータで、事情によって収録する。随意項目は「随意」で注記される。特定言語しか適用しないデータ項目も括弧で注記される。

4.1. メディアデータ
4.1.1. 基本的な録音データ
a. 声母、韻母、声調及び例字或いは例語の発音（声調がある言語に適用する）
b. 母音、子音及び例語の発音（声調がない言語に適用する）
c. 連読変調の例語の発音（声調がある言語に適用する）
d. 他の重要な音声特徴（アクセント、弱化音、母音調和など）の例語の発音

(声調がない言語に適用する)
e. 約2500の常用漢字の発音（中国語方言に適用する）
f. 約2500の常用語と連語の発音
g. 約100の常用文型の発音
h. 約300日常生活用語の発音
i. 上述のa~eの発音過程の顔を正面から撮影すること（随意）
j. 上述のa~hの発音過程と喋る過程を全コース録音すること、或いはパノラマ撮影すること

4.1.2. 自然的な口言葉の録音データベース

　本稿は自然的な口言葉を個人的な叙述、対話と会話、遊びと娯楽、歌い、芸能、民俗礼儀宗教などの六つの表現形式に分ける。各種の形式に若干のテーマが設けられる。テーマごとに少なくとも1段落の完全な談話を取材して録音することになっている。

4.1.2.1. 個人的な叙述
a. 農業生産と耕作についての知識・経験を紹介すること
b. 牧畜業、狩猟についての知識・経験を紹介すること
c. 該当地の器具の製作プロセスと工芸民間器具・工芸についての作り方・を紹介すること
d. 該当地の食品の製作手順と作り方
e. 集会や会議の発言・演説・報告
f. 歴史物語、口承文学
g. 現実に起こる重要な出来事
h. 個人の生活経験或いは身をもって体験した出来事

4.1.2.2. 対話と談話
i. 室内での正式な懇談、諮問、取材或いは無駄話
j. 室外での随意の談話

4.1.2.3. 遊びと娯楽（随意）
k. 童謡或いは児童の遊び言葉

l. なぞなぞ

4.1.2.4. 歌い（随意）

m. 独唱

n. 掛け合いで歌うこと或いは合唱すること

4.1.2.5. 芸能や寸劇（随意）

4.1.2.6. 民俗、礼儀、宗教

o. 民俗礼儀活動のことわざ或いは業界用語

p. 職業語、隠語、秘密の言葉

q. 魔法の言葉、呪い、幽霊の言葉と他の神秘な言葉（随意）

4.2. 転写データ

4.2.1. 基本録音データの転写事項

4.2.1.1. 中国語方言の基本録音データの転写テキスト事項

a. 声母・韻母・声調表と発音説明

b. 連読変調のパターン、例字、音声記号での注音

c. ローマ字ピンイン方案（随意）

d. 約2500の常用漢字のIPA注音

e. 約2500の常用漢字のピンイン注音（随意）

f. 約2500の常用語と連語の漢字での転写、普通話での逐語訳、IPA注音

g. 約2500の常用語と連語のピンインでの転写（随意）

h. 常用語と連語の意味を解釈すること（随意）

i. 常用語と連語の用法の例文（随意）

j. 約300日常生活用語のIPA注音、漢字での転写、普通話での逐語訳・意訳

k. 約100の文型の例文のIPA注音、漢字での転写、普通話での逐語訳・意訳

4.2.1.2. 少数民族の言語の基本録音データの転写テキスト事項

a. 声母・韻母・声調表と発音説明（声調がある言語に適用する）

b. 連読変調のパターン、例字のIPA注音（声調がある言語に適用する）

c. 母音・子音表、例語、発音説明（声調がない言語に適用する）
d. 他の重要な発音特徴の例語と記述
e. ローマ字ピンイン方案（随意）
f. 音韻的語の文字での転写（随意）
g. 約 2500 の常用語と連語の少数民族文字での転写（文字がある言語にしか適用しない）
h. 約 2500 の常用語と連語の IPA 注音、普通話での対訳或いは意味の解釈
i. 主な文型の 100 例文の IPA 注音、普通話での逐語訳・意訳・文法標記
j. 主な文型の 100 例文の少数民族文字での転写（随意）
k. 約 300 の日常生活用語の IPA 注音、普通話での逐語訳・意訳・文法標記
h. 約 300 の日常生活用語の少数民族文字での転写（随意）

4.2.2. 自然な口語の録音データの転写事項
4.2.2.1. 中国語方言の自然な口語の録音データの転写テキスト事項
a. 漢字での転写テキスト
b. 国際音声記号（IPA）での注音
c. 普通話で逐語訳することと文ごとに意訳すること
d. 非音声の音響の表記
e. 言語行為の表記（随意）
f. 他のマルチモーダルな表記（随意）

4.2.2.2. 少数民族の言語の自然な口語の基本録音データの転写テキスト事項
a. 国際音声記号（IPA）での注音
b. 普通話で逐語訳すること
c. 地方通用言語での対訳（随意）
d. 地方通用言語での意訳（随意）
f. 少数民族文字での転写テキスト
g. 非音声の音響の表記
h. 言語行為の表記（随意）
i. マルチモーダルな表記（随意）

4.3. メタデータ

メタデータには通用メタデータと専用メタデータが設けられる。通用メタデータは言語保存記録の全体と組み立て部品の標識に用いられ、専用メタデータは自然な口語データファイルの標識に用いられる。

4.3.1. 通用メタデータ

題名

a. プロジェクトの名称

該当危機言語音声保存記録の基金プロジェクト、研究課題或いは援助プロジェクトの名称。

b. 内容のタイトル

危機言語保存記録の名称、或いは保存記録データの部分集合と構成要素の名称。

創設日付

危機言語保存記録、データセット、データの創設日付。

場所と時間

危機言語保存記録のデータ材料を獲得・創設する場所と時間。

記述

a. 内容ガイド

危機言語保存記録に含まれるデータリソースについての簡単な記述、或いは具体的なデータの内容ガイド。

b. 内容の目次

危機言語保存記録に含まれるデータリソースの目次、或いはデータセットのリソースの目次。

創設者

危機言語保存記録を創設する責任者と進行役。

貢献者

危機言語保存記録を創設するために、貢献するもの。発音者、談話者、歌い手、演芸者、インタビュアー、録音係、カメラマン、訳者、転写する者、

編集者、校正係などの関係者が含まれる。OLAC の語彙を参照できる。

ファイルフォーマット

a. 音声ファイルフォーマット

b. コンテナフォーマット

c. 転写ファイルフォーマット

d. 他のデータファイル・フォーマット

統一資源位置指定子（URL）

言語保存記録と関連するインタネットウェブページのアドレス。

メタ言語

言語保存記録資源を記述するための言語のこと。中国危機言語音声言語保存記録のメタ言語は中国語である。

対象言語

保存される言語のこと。つまり危機言語である。

データのソース

言語保存記録に含まれる音声・画像・文字などの材料の出所。

科目とキーワード

言語保存記録が属する科目分野の名称とキーワード。

著作権者

言語保存記録の全体と一部の所有者、責任者、保管者と出版者。言語保存記録の開発者及び図書館（室）、書類保存館（室）、出版社、データサービスプロバイダなどを含む。

アクセス権

言語保存記録リソースをアクセス・使用する権限。音声・画像材料内容該当者のプライバシーと権利を尊重・保護することを前提として、言語保存記録リソースをアクセス・使用する権限はフリーアクセス、制限付きでアクセス、非常に制限されたアクセスという3つのレベルに分ける。

メディア

危機言語保存記録リソースを記録するためのメディア。例えば、CD/DVD、テープ、メモリーカード、ハードディスクなど。

設備

　メディアデータを取材・記録・処理する設備。例えば、テープレコーダー、ビデオカメラ、録音サウンドカード、マイクロフォン、サウンドコンソール、パソコンなど。設備を記述する時、製品の名称とタイプを明記する必要がある。

ソフト

　危機言語保存記録を創設するのに使われる OS とアプリケーションプログラム。音声・画像編集ソフト、標記ソフト、文字コードソフト、データコンバータソフトなどが含まれる。上記のソフトを記述するとき、名称、バージョン、研究・開発者とダウンロードアドレスを明記する必要がある。

4.3.2. 専用メタデータ

タイトル

　独立した自然な話の録音或る動画ファイルの題名。普通は話題で命名する。

背景

　話に関する事情背景への叙述。

ジャンル

　4.1.2 によるジャンルの標識。

コミュニケーション・モード

　話の発生方式。例えば、正式な或いは非正式な話、訪問と取材の話、世間話など。

ソース

　話を得るルート。次のようなものが含まれる：

a. 生の取材

b. 電話或いはネット

c. 放送・テレビ番組

d. 出版物

e. 個人所有のものを複写すること

話者の名前

　録音材料の話者の名前。プライバシーを保護するため偽名とコードネームを使えることができる。

言語

　録音材料の話者が使用する言語。主体は危機言語。

メタ言語

　録音材料の記述・説明に用いる言語。主体は共通語である普通話。

日付と場所

　話が発生する時日と場所。

録音ファイル

a. ファイル名（ファイルが多い時、順番でリストを作る）

b. 録音時間の長さ

c. 録音設備の名称とタイプ

転写状態

a. 転写ファイル名

b. メディアと一致するかどうか

c. セグメンテーション・アルゴリズム

d. 転写標記ルール

e. 転写ステータス：未転写、簡単な転写、基本的な転写、緻密な転写

f. 転写ソフトの名称とバージョン

g. 転写ファイルのリンク（随意）

h. 転写ファイルのフォーマット

4.4. 記述データ

4.4.1. 言語の基本記述データ事項

a. **言語の名称**

　　主な名称

　　言語の別名

　　言語標準コード（ISO639-3）

b. 言語の系統の分類
　　語族
　　語派と語群
c. 方言
　　方言・土話の分布（随意）
　　方言の意思疎通度（随意）
d. 県の人口
　　県の全人口
　　各民族の人口と町の分布
　　各言語か各方言の使用人口と町の分布
e. 町と記録現地の人口
　　町の全人口と各言語か各方言の使用人口及び村・組の分布
　　記録現地における危機言語の団体人口
　　記録現地における危機言語の使用人口
　　記録現地における危機言語の団体の一言語使用者人口と二言語使用者人口
　　危機言語の超域分布状況（随意）
f. 言語の地位と使用範囲
　　法定民族言語
　　県と同じ区分にある地域の通用言語
　　郷と同じ区分にある地域の通用言語
　　家庭
　　共同体内部
　　隣の他の共同体と付き合う時に使われる言語
g. 言語と民俗・宗教
　　言語共同体の宗教信仰（随意）
　　宗教儀式活動の使用言語（随意）
　　民俗儀式活動の使用言語
　　僧侶・道士などの聖職者の専用言語

h. 言語態度

積極 / 中性 / 消極

異なる年齢、性別、職業と教育レベルをもつ人々の言語態度。

i. 言語の進展（随意）

農村の中学校・小学校・幼稚園での教授言語とキャンパスに使われている言語

中学校・小学校・幼稚園の言語科目

社会共同体の言語教育と養成

言語学習のための出版物

放送・TV における言語番組

j. 言語の活力と危険度のランキング

活力あり、安全

活力あり、脆弱

危険

重大な危険

極めて深刻

k. 言語のリテラシー

対象言語の書き状況

記録現地で普通話のリテラシーを持つ人口とその割合

記録現地で漢字のリテラシーを持つ人口とその割合

記録現地で地方共通語のリテラシーを持つ人口とその割合

l. 言語地理

記録現地の経度と緯度

県都との距離

該当地の町（集・鎮）との距離

地形

交通状況

衛星地図

4.4.2. 言語システムの記述データ事項
4.4.2.1. 中国語方言
音韻体系表

声母・韻母・声調表

同音字彙

語彙集

語形成

品詞の特徴

文法の特徴

4.4.2.2. 少数民族言語
音韻体系表

音節表

語彙集

語形成と形態

文法の特徴

5. データファイル・フォーマット、ソフト・ツールと録音設備

　データファイル・フォーマットは必須フォーマットと随意フォーマットに分ける。必須フォーマットは危機言語保存記録にとってなくてはならないファイル・フォーマットで、随意フォーマットは予備のファイル・フォーマットである。ソフト・ツールは指定ソフトと随意ソフトに分ける。指定ソフトは言語保存記録を創設するのに使わなければならないソフトで、随意ソフトは臨時の替わりツールである。随意ソフトが創設するデータは指定ソフトのデータフォーマットに変更しなければならない。録音設備は指定された製品から随意的に選ぶことができる。

5.1. メディア・データファイル・フォーマット
5.1.1. 音声ファイル・フォーマット
WAV

APE（随意）

FLAC（随意）

WMAlossless（随意）

APPLElossless（随意）

AAL（随意）

5.1.2. コンテナフォーマット

AVI

MPEG-2

MOV（随意）

MPEG-4（随意）

MTS（随意）

5.1.3. 画像ファイルフォーマット

JPEG

TIFF（随意）

PNG（随意）

BMP（随意）

5.2. 転写データファイル・フォーマット

xml

txt

html（随意）

rtf（随意）

ELANフォーマット eaf（随意）

Transcriberフォーマット trs（随意）

EXMAraLDAフォーマット exb（随意）

LDCフォーマット tdf（随意）

Praatフォーマット textGrid（随意）

5.3. 文書データファイル・フォーマット

DOC

TXT

PDF

5.4. ソフト・ツール

5.4.1. 基本言語資料を取材・録音するソフト

SonicField

Xrecorder（随意）

5.4.2. 自然口語転写ソフト

ELAN

EXAMARaLDA Partitur-editor（随意）

Anvil（随意）

FOLKER（随意）

Transcriber（随意）

XTrans（随意）

5.4.3. マルチモーダルな分析ソフト

Praat

Anvil

SFS（随意）

Sound analyzer（随意）

他のマルチモーダルな分析ソフト（随意）

5.4.4. 音声編集ソフト

Audacity

Adobe audition（随意）

Sony soundforge（随意）

5.4.5. コンテナ編集ソフト

Adobe Premiere

EDIUS（随意）

Sony Vegas Video（随意）

Final Cut（随意）

5.5. 録音設備

5.5.1. マイクロホン

a. 類型

　ハンドヘルド・ダイナミックケマイクロホン/ハンドヘルド・コンデンサーマイクロホン

　有線ヘッドセットマイクロホン

　ワイヤレスヘッドセットマイクロホン

　ラベリアマイクロホン

　ショットガンマイクロホン

b. メーカー

　ゼンハイザー Sennheiser

　オーディオテクニカ Audio Technica

　Takstar

　AKG

　ソニー Sony

　シュア Shure

5.5.2. PCM

　ソニー Sony

　ズーム Zoom

5.5.3. 外付けサウンドカード

　M-audio

　Mbox

　Tascam

6. 自然口語の現象の分類

　自然口語現象は言語音声、非音韻的な人間の音と背景雑音からなっている。言語音声は人間の発音器官からの言葉である。非音韻的な人間の音は発音器官からの非音韻的な音と四肢・胴体行為の音に分ける。背景雑音は言語コミュニケーションの時、談話者を除く環境の音と人声である。

6.1. 言語音声現象

6.1.1. 音の伸び
字音或いは語の音節の発音が長くなる現象。音節に現れる位置は限定していない。

6.1.2. 縮約音／合併音
話が速過ぎるか、労力を省くために、幾つかの音節が合併して、大雑把かつ曖昧な発音。

6.1.3. 同化された音
話の流れに影響されて本来の発音が変わっている現象。

6.1.4. 変異音
同じ字・語が二つの慣用音があること。

6.1.5. 固定不適当な発音
標準音と外れる発音であるが、慣習的に固定している。一定の規則があり、字・語の弁別ができる。新派音・老派音のことがこの分類に入れられる。

6.1.6. 自由不適当な発音
標準音と外れる発音である。一定の規則がないが、字・語の弁別ができる。

6.1.7. 鼻音化した発音
何の鼻音がない標準音であるが、実際発音の時、鼻音が出ている。鼻が詰まった時の鼻音が含まれていない。

6.1.8. ぶつぶつと独り言を言うこと
話中、無心に相手に聞かれる連続して小声で独り言を言うこと。話の内容がはっきりと分かる。

6.1.9. 弁別できない発音
どの字か、どの意味か、どの音か、聞き取れない話。

6.1.10. 不確かな発音
文脈から大体の意味を推測できるが、完全に確定することはできない。或いは発音は聞き取れて、大体の意味を推測できるが、具体的にどの漢字・単語であるか確かめられない。

6.1.11. 外来語に影響された発音
他の言語や方言に影響された発音。一定の規則がある。

6.1.12. 言語コード変換
話の中、他の言語を挿入・変換すること。

6.1.13. 外来語
話の中の外来語。母語で音訳された固有名詞も含まれる。

6.1.14. 沈黙
話題が繋がらない時、談話者が正常なスピードを維持できなくて起こったポーズのこと。

6.1.15. ポーズ
話の流れに、自ら600ミリ秒以上休止していること。対話の応答に躊躇ってわざと間ととったこともこの分類に入れられる。

6.1.16. 短いポーズ
話の流れに、自ら200〜300ミリ秒休止していること。

6.1.17. どもり
話し手が慣習的に発音を重複・休止・延長したり、はっきりしなかったりすること。

6.1.18. 休止せずに話し続ける
休止してから話し続けるはずだったところ、休止せずに続ける言葉のこと。

6.1.19. 断片の音
字・語の音節が完全に発音していないが、前後の文脈からどの字か、どの語か、どの音か、判断できる。

6.1.20. 切断した音
1つの単語が半分に突然休止して、他の単語を言い換える。

6.1.21. 切断した文
1つの文が半分に突然休止して、新しい文を言い始める。或いは言うべきではないと分かって、半ばにして話を休止する。

6.1.22. 切断された語句
話が終わらなくて、他の談話者にさえぎられて、やむなく話を休止されて

しまう。

6.1.23. 重複語

邪魔されたか、自分のせいか同じ字・語が2回重複して発音する。何度もの慣習的な重複はどもりに入れられる。

6.1.24. 誤り

話中、単語や文法上の誤り。発音上の誤りは自由不適当な発音に入れられる。

6.1.24. 訂正する挿入語

誤りや発音の間違いを提示・訂正する挿入語。

6.1.25. 慣用的な提示語

語気をゆっくりしたり、時間を緩和したりするために、話し方を考える時の慣用的な挿入語。

6.1.26. 重なり合う言葉

一方の談話者がまだ言い終わらなくて、相手が同時に言い始めること。

6.1.27. 応答語

談話中、相手の話を聞いていること、応答や承諾などを表すために、聞き手が時々言う短い言葉。

6.1.28. 同時に応答

多くの聞き手が同時に応答すること。

6.1.29. スピードが速くなる

話の流れに、普通のスピードより明らかに速い話。

6.1.30. スピードが遅くなる

話の流れに、普通のスピードより明らかに遅い話。

6.1.31. 声を大きくする

談話中、急に声を大きくすること。

6.1.32. 耳打ち

意味を聞き取れる耳打ち。

6.1.33. 囁き

声や音量が明らかに普通より低い話。

6.1.34. 真似る声
談話中、他人の言葉を引用する時、真似るために自分の声と音色を変える。

6.2. 非音韻的な人間の音
6.2.1. 口腔か鼻腔からの音
笑い声、泣き声、呼吸、吐き声、喘ぎ声、吸い声、舌を鳴らす音、溜息、あくび、しゃっくり、くしゃみ、しわがれ声、鼻を啜る音、咳払いの音、咳、口笛、よだれを垂らす音、喉が詰まる音、他の分からない発音

6.2.2. 四肢の動作の音
拍手の音、叩く音、足取りの音、他の四肢の動作の音

6.3. 背景雑音
6.3.1. 自然界の雑音
風、雨、雷、水の流れ、獣の鳴き声、鳥の鳴き声、虫の鳴き声、家畜の鳴き声、家禽の鳴き声及び他の自然界の音。

6.3.2. 機械の雑音
車・船・飛行機の音、放送・テレビの音、家庭用電気器具の音、携帯・電話のベル音、電流の音、音楽、電磁波、妨害の音および他の機械・電気器具の雑音。

6.3.3. 背景の人為的な雑音
叫び声、騒ぎ声、話し声、他の人為的な雑音。

7. 自然口語の転写規約
自然口語の転写には最小限の転写、基本的な転写と包括的な転写の三つのレベルが設けられる。最小限の転写は危機言語のデータを録音する時の必須な転写項目である。基本的な転写は最小限の転写を基にして、拡充する転写項目である。包括的な転写はマルチモーダルな転写項目を並べる。中国語の方言の口語音声現象は中国語によって標記され、少数民族語の口語音声現象はピンインによって標記されれ。他の口語現象や文法特長はそれぞれの楽譜

的な標記をする。

7.1. 転写レベル
7.1.1. 最小限の転写
話者の姓名或いは偽名、標示
言葉のローマ字ピンイン転写（随意）
言葉の IPA 表記
言葉の普通話で逐語訳するもの
言葉の普通話で文ごとに訳するもの
言葉の発音現象の転写或いは標記
非音韻的な人間の音、背景雑音の標記
注釈或いは説明

7.1.2. 基本的な転写
最小限の転写のほか、次のようなものも必要である：
文（末）のイントネーションの標記
文のストレス
韻律文
音歩（随意）
単語のストレス（随意）
品詞の標記
統語標記

7.1.3. 包括的な転写
最小限の転写のほか、次のようなものも必要である：
手振り、身振りと共同動作
音響音声学データ（随意）
他のマルチモーダルなデータ（随意）

7.2. 口語現象の標記記号と用法
7.2.1. 談話の構造要素の標記

談話者	Lidahai	ピンインかローマ字で綴る。頭文字は大文字で書く。
偽名	~Zhangsan	偽名の前に波線を付ける。
会話場面	Geka<tel>	談話者の後ろに山括弧をつけて対話の媒介とルートを表す。Tel 通話、tv テレビ取材；cc 生の情景対話
談話者のキャスト	Liwei（(Wang)）	談話者の後ろに二重括弧をつけて真似る人物の名前か偽名を表す。
複数の談話者	Liwei+Wangke	談話者の名前の間に「+」を付ける。
多くの談話者	Group	「group」で多くの談話者を表す。
イントネーション		完全のイントネーションは1行で改行する。普通は一つの完全の話が一つのイントネーション単位とされる。
文頭の文字を大文字で書く		新しい文が始まる時、文頭のアルファベットは大文字で書く。漢字はその必要はない。
順番/行番号	1	転写テキストの行の初めに数字番号を付ける。
タイムスタンプ	<T=154.762>	該当録音の作成日時を示す。秒で計数する。
話の一巡り	Lida 你不去？ Liuwei 我去。	話の一巡りに談話者のIDを付ける。
重複する話	Lida 你不去？ Liuwei [1 我想去]	重複する部分の首尾に角括弧で重複の順番を付ける。

7.2.2. 音声現象の転写記号

ピリオド	.	完全な文が終わるところ、ピリオドで標記する。
カンマ	,	文が終わらないが、間をとる時、カンマで標記する。
疑問符	?	疑問のイントネーションの時、疑問符で標記する。
笑いながら言う言葉	(@) <@>言葉</@>	笑いながら言う1つの単語は語頭に標記する。2つ以上の場合は笑いの両端に標記する。
しわがれ声	(%) <%> 言葉 </%>	しわがれ声を帯びる1つの単語は語頭で標記する。2つ以上の場合は両端に標記する。
変声	<vox> 言葉 </vox>	話中、偶然に声が変わること。両端に標記する。
引用語	<qu> 引用語 </qu>	両端に標記する。
長音化韻律	(::)	長音化された字・語の後に標記する。
スピードが遅くなる	<::> 言葉 </::>	遅くなった言葉の両端に標記する。
スピードが速くなる	<p> 言葉 </p>	速くなった言葉の両端に標記する。
縮約音/合併音	<*> 言葉 </*>	縮約音/合併音が起こった言葉の両端に標記する。

同化された音	(*) 言葉	同化された言葉の前に標記する。
変異音	(x)	変異音になった言葉の前に標記する。
固定不適当な発音	<++> 単語 </++>	固定不適当な発音になった言葉の両端に標記する。
自由不適当な発音	<+> 単語 </+>	自由不適当な発音や誤りになった言葉の両端に標記する。
鼻音化した発音	<+n> 単語 </+n>	鼻音化した言葉の両端に標記する。
弁別できない発音	((###)) ((推測された単語))	聞き取れなく、どの字か意味か推測できない場合、「#」で標記する。大体の意味が推測できる場合、推測された言葉を書く。
不確かな話	<#> 話 </#>	不確かな話の両端に標記する。
ぶつぶつと独り言を言うこと	<m> 話 </m>	ぶつぶつと独り言を言う時、聞き取れる所の両端に標記する。
外来語に影響された発音	<言語コード> 単語	外来語に影響された発音の前に言語コードを付ける。
言語変換	<zh> 言葉 </zh>	変換した言葉の両端に言語コードを付ける。分からない言語は不確かな話で標記する。
沈黙	((…))	沈黙の所に標記する。
短いポーズ	(…)	0.5 秒以内。
ポーズ（秒読み）	(1.2)	0.5 秒以上は秒読みを付ける。
どもり	<kch> 言葉 </kch>	どもりの言葉の両端に標記する。
話の一巡りを速くする	==	休止すべきだった所で休止しない話の一巡りに標記する。
断片の音、切断した音	単語 -	消えた発音はハイフンで標記する。
切断した文	話題 (=)	切断した所に標記する。
切断した語句	話 (-)	切断された所に標記する。
休止せずに話し続ける	=	休止すべきだった所に標記する。
重複する話	―	重複された話と重複する話の真中に標記する。
挿入語を訂正する	(+) 単語－単語	間違った単語と訂正語の前にそれぞれ標記する。
慣用するつなぎの語（間投詞）	啊啊这个这个	実際の発音によってアルファベット化にする或いは漢字で転写する。
挿入語を応答する	en, hao	実際の発音によってアルファベット化にする或いは漢字で転写する。
声を大きくする	<h> 話 </h>	声を大きくする所の両端に標記する。
耳打ちと囁き	<^> 話 </^>	耳打ちと囁きの単語の両端に標記する。
同時に応答する	[応答]	応答語の両端に標記する。

7.2.3. 人間の非音声音の記号

笑い声	{hi}	ため息	{hi}	拍手の音	{pp}
泣き声	{$$}	あくび	{ah}	足音	{dd}
呼吸	{hh}	しゃっくり	{ee}	叩く音	{bn}
吐き声	{tu}	くしゃみ	{aq}	他の体の動作の音	{!!!}
喘ぎ声	{hu}	しわがれ声	{ss}	鼻を吸る音	{nn}
吸い声	{xi}	よだれを垂らす音	{gu}	咳払いの音	{gg}
舌を鳴らす音	{bb}	喉が詰まる音	{ka}	咳	{kk}
舌を鳴らす音	{zz}	分からない発音	{###}	口笛	{oo}

7.2.4 背景や雑音の記号

風	{feng}	雨	{yu}
雷	{lei}	水の流れ	{shui}
獣の鳴き声	{shou}	鳥の鳴き声	{niao}
虫の鳴き声	{chong}	家禽と家畜の鳴き声	{ji/niu}
車・船・飛行機の音	{feiji/chuan/che}	放送・テレビの音	{tv}
家庭用電気器具の音	{jiad}	携帯電話のベル音	{phone}
電話のベル音	{tel}	電流の音	{〜}
電磁波の妨害の音	{>>>}	爆発の音	{bom}
音楽	{123}	パソコンの音	{pe}
他の機械・電気器具の雑音	{^^^}	叫び声	{yyy}
騒ぎ声	{yyy}	話し声	{yyy}
他の人為的な背景雑音	{yyy}		

8. 文法標記記号

　文法標記符号は通用符号と専用符号の2種類が設けられる。通用符号はあらゆる言語に適用し、専用符号は特定の言語に適用する。専用符号は「専用」という文字で注記される。

8.1. 品詞標記記号

8.1.1. 名詞 /n

　普通名詞 /ng

　時間名詞 /nt

　方位詞 /nd

　場所名詞 /nl

　人名 /nh

地名 /ns

　　民族名 /nn

　　機構名 /ni

　　他の固有名詞 /nz

　　名詞化された前置成分 /hn

　　名詞化された後置成分 /kn

8.1.2. 動詞 /v

　　他動詞 /vt

　　自動詞 /vi

　　連結動詞 /vl

　　能願動詞 /vu

　　趨向動詞 /vd

8.1.3. 形容詞 /a

　　性質形容詞 /aq

　　状態形容詞 /as

8.1.4. 数詞 /m

　　基数詞 /mi

　　序数詞 /mo

　　概数詞 /ms

　　他の数詞 /sz

8.1.5. 助数詞（量詞）/q

　　通用名量詞 /qg

　　専用名量詞 /qp

　　動量詞 /qv

　　再帰量詞 /qs（専用）

8.1.6. 代名詞 /r

　　人称代名詞 /rp

　　指示代名詞 /rf

　　疑問代名詞 /rq

8.1.7. 副詞 /d
時間副詞 /dt
頻度副詞 /df
範囲副詞 /dd
肯定副詞 /dy
否定副詞 /dn
情態副詞 /dm
語気副詞 /da
他の副詞 /dz

8.1.8. 介詞（前置詞）/p
時間介詞 /pt
空間介詞 /pl
能動受動介詞 /pa
手段・方式介詞 /pm
原因・目的介詞 /pc
他の介詞 /pz

8.1.9. 接続詞 /c
等位接続詞 /cc
従属接続詞 /cs

8.1.10. 助詞 /u
動態助詞 /uv
属格助詞 /up
格助詞 /uc（専用）
連体修飾語助詞 /ud
連用修飾語助詞 /uz
補語助詞 /ub
語気助詞 /um
陳述語気詞 /ums
疑問語気詞 /umq

命令語気詞 /umi

推量語気詞 /umg

話題語気詞 /umt

他の語気詞 /umz

8.1.11. 感動詞 /e

8.1.12. オノマトペ /o

動物の音を模倣したもの /od

自然界の音を模倣したもの /oz

ほかの音を模倣したもの /oz

8.1.13. 慣用句 /i

名詞的慣用句 /in

動詞的慣用句 /iv

形容詞的慣用句 /ia

接続語的慣用句 /ic

8.1.14. 略語 /j

名詞的略語 /jn

動詞的略語 /jv

形容詞的略語 /ja

8.1.15. 前置成分（接頭語）/h

前置語素 /hw

前置造語要素 /hz

前置膠着形態素 //hm（専用）

8.1.16. 後置成分（接尾語）/k

後置語素 /kw

後置造語要素 /kz

後置膠着形態素 /km（専用）

8.1.18. 形態素音節（語根）/g

名詞的語根 /gn

動詞的語根 /gv

形容詞的語根 /ga

非形態素音節 /x

8.2. 文法標記記号

8.2.1. 句

名詞句 /NP

動詞句 /VP

形容詞句 /AP

数量句 /QP

接続語句 /CP

8.2.2. 文

主節 /S

従属節 /SC

8.2.3. 数

単数 /SG

双数 /BL

複数 /PL

他の数 /PE

8.2.4. 呼称（専用）

愛称 /DIM

謙称 /ADM

通称 /ADG

他の呼称 /ADZ

8.2.5. 性（専用）

女性 /FS

男性 /MS

中性 /NS

8.2.6. アスペクト

普通相 /GLA

進行相 /PRA

　継続相 /CTA

　完了相 /PEA

　経験相 /EXA

　習慣相 /HBA

　反復相 /RTA

　即時相 /IMA

　将来相 /FTA

　他のアスペクト /MSA

8.2.7. ヴォイス

　能動態 /ACT

　受動態 /PAS

　使役態 /CAU

　自動態 /NAV（専用）

　相互相 /REV（専用）

　再帰態 /RFV（専用）

　他のヴォイス /MSV

8.2.8. 格

　主格 /NMC

　対格 /ACC

　属格 /GNC

　動作主格 /AGC

　結果格 /FCC

　対象格・目的格 /OBC

　主題格 /SBC

　経験者格 /EXC

　受益者格 /BNC

　共格 /CMC

　与格 /DAC

道具格 /TLC

場所格・処格 /LCC

方向格 /DRC

源泉格・起点格 /SRC

目標格・着点格 /GLC

時間格 /TMC

経路格 /PHC

存在格 /ESC

出格 /ELC

他の格 /MSC

8.2.9. 方向性（専用）

上向き /UPD

下向き /DWD

外向き /OUD

内向き /IND

前向き /FRD

後向き /BKD

上流向き /URD

下流向き /DRD

南向き /SFD

北向き /SBD

随意の方向 /OMD

他の方向 /MSD

8.2.10. 文の成分

主語 /S

述語 /V

目的語 /O

直接目的語 /DO

間接目的語 /IO

連体修飾語 /ATT

　　連用修飾語 /ADV

　　補語 /COM

　　同格語 /APP

8.2.11. 人称

　　一人称 /1

　　二人称 /2

　　三人称 /3

　　排他的 /RPX（専用）

　　包括的 /REI（専用）

8.2.12. 引用文

　　直接引用文 /DQU

　　間接引用文 /IQU

潮州語、温州語、そして播州語
その現状と言語多様性のゆくえ

寺尾 智史

　両親が中国語を話していましたので、潮州語の口語は、それも少しタイ語話して（混って）ますけど、（私も）話せるんですが、古文はさっぱり駄目、漢字は知らないんです。あの作品に出てくる人名や店の名前なんかは親戚や近所から聞き集めて作ったんです。間違いだらけの筈です。（訳者である冨田）先生が潮州語の音韻学書などを持ち出して、おやりになると、さぞ頭が痛いことでしょう。この数年間はほとんど潮州語を喋っていないんです。主人がタイ料理を好むので、家ではタイ料理なんですよ。[『タイからの手紙』上巻：268-269ページ、（　）内は断りのない限り筆者、以下同じ]

1. 45年前の、そして45年後の『タイからの手紙』——バンコクから

　『タイからの手紙』は1970年、バンコクで出版された小説である。第二次大戦直後の1945年9月から断続的に、タイ・バンコクより中国の広東省普寧県に送られた手紙の形で綴られた、手紙文小説であった。つまり、この小説に目を通すと、我々は、45年前からさらに25年、現在から70年前にまでさかのぼることができるのである。

SEATO（東南アジア共同防衛条約機構）文学賞も得た、タイ華僑文学さらには現代タイ文学の最高峰ともいえるこの作品は、もちろん英訳もされている。しかしながら、1977年、カリフォルニア大学バークレー校で博士を取り、そこで講師であったタイ現代文学研究者スーザン・ケプナーによる英訳は、全訳されていない意味で不完全であるだけでなく、翻訳によって生まれる妙味を捉え切れていない。それは、翻訳者、そして作者自身も漢字を知らなかったからである。

　欧州各言語の相互翻訳のネットワークが「翻訳文化」を醸成し、それが言語文化、ひいては人間社会の相対化、客観化、そして形而上も含めた概念化に多大な貢献したことはよく議論されているところだ。しかし、この本の英訳に限っては、東西を超えた翻訳文化を形成するには未成熟であったとみなさざるを得ない。

　それを乗り越えた翻訳が、冨田竹二郎による日本語訳である。原作初版出版後、9年後の1979年に出版されたこの日本語訳によって、『タイからの手紙』は、漢字文化圏を渡る切符を手に入れたともいえることは、冒頭に掲げた訳者あとがきの抜き書きの通りである。英訳は、日本語訳から重訳されるべきだったかもしれない。そのことは訳者あとがきの次の文でより明白となる。

> 日本語に訳すに当って最も困難な点はタイ文字で書かれた潮州語の名詞特に固有名詞を漢字に直す作業であった。このため全篇からそれらの語を抜き出し、リストを作って多数のコピーを作り、原作者を通じていろんな老華僑に記入してもらったが、何しろ漢字を知らない原作者が、タイ文字で書いたものであるから、混乱が起こるのは当然である。［上巻：268-269ページ（訳者あとがき）］

　さて、この小説で軸となっているのは、主人公である広東省潮州出身の華僑一世、陳璇有の「対タイ観」の変遷である。若くしてバンコクに移民した彼が、やがて子をもうけ、親として成熟していく中で、タイ社会を見る態度

も大きく変わってくる。そして、彼の「手紙」、すなわち彼の「語り」を焦点として、タイの潮州出身者を中心とする華僑／華人社会も変化し、まさに「老華僑」化して「老いゆく」ことを超ロングショットで投影している。その中には、次のような描写も見える。

> 歌を一つ聞きたいと思っても、それさえなかなか難しいのです。というのは潮州語の番組はもうずっと前から、ラジオから消えていたのです。どういうわけでやめたのか知りませんが。もし聞きたければ、ある会社の特別な聴取器（冨田訳注：泰国威提耶功出版社『泰国華僑大辞典』1967年によれば、有線放送「麗的呼声」は1956年開始、1967年には加入金100銖、毎月30銖。加入者10万人以上とある）を取りつけ、月ぎめで奉仕料(サービス)をしはらわねばならないのです。しかしその番組は全部国語(ペキンゴ)で、聞いてもあまり分かりません。われわれの言語は、考えてみればどうも変てこなもんですね。同じ漢字を使いながら、話すときは同じではないんですね。もしわたしが潮州(テーチウ)語が話せない中国人と出くわしたら、よく言われているように、やっぱりきっと筆談で行かなければならないでしょうね。しかしタイ国にいる中国人は、大抵が潮州人であるか、何とか潮州語で話しても分かる人たちです。子供たちは国語(ペキンゴ)も習っていますので、新しく取りつけた機械に、結構面白がっています。［下巻：86-87ページ］

　この一節は、バンコクのまちかどに住む当時の中国人たちが、いかに多様かつ、多層的な言語生活を送っているのかが手に取るようにわかる。また、有線放送というエスニック・メディアが華僑／華人社会を取り持つ媒体になっていた状況を活写していることでも特筆できる。1970年の時点で、このような小説が生まれたことは、瞠目せざるを得ない。
　2014年夏、筆者は主にアフリカで行った社会言語学的調査の終わりに、タイ・バンコクを訪ねた。この小説の作者、ボータン、本名スパー・シリシンは、この小説を書いたのち、チュラーロンコーン大学に奉職し、現在は名

誉教授であり、1999年にはタイ王国国家芸術家に選定されてもいる。その彼女にインタビューするためである。

バンコクのことばも町も不案内な筆者は、神戸大学医学部で日本語を教えていた時の教え子の医学生にお願いし、その兄の案内で郊外の彼女の事務所にたどり着いた。その事務所の1階は絵本や児童書の書店、その2階が出版社の編集部、営業部であった。彼女は『タイからの手紙』を手がけたあと、児童書をものにし、さらに、子どもたちに良書を届けるべく自ら出版社を開いたのであった。

その2階の事務所の一番奥に、彼女の執務室があり、我々を出迎えた彼女は、そこに通してどっかりと席に座った。

当初、彼女は、36年前に訳者の冨田が「スパー女史は、淑やかで含羞み屋さんである」と書いた通りであった。口数少なく、もの静かに、筆者——初対面のタイ語が不自由な男——と案内役のタイ人の青年を見つめ「さて、どうしたものか？」という表情を見せた。

しかし、彼女へのアポイントは彼女の娘を通してであったため、てっきりタイ語しか話せないと思っていた筆者と青年が、コミュニケーションにあたふたとしているのをながめ、にこやかに笑って、ゆったりと英語を話しはじめた。

「確かに、タイの潮州語はどんどんやせ細っているけれど、でもね、年配はいまでも話すのよ」。

そして、彼女の出版社から出版されている新版の『タイからの手紙』を手渡してくれた。事務所からホテルに戻る途上、案内役をつとめてくれた若者は、「実は僕も中国人の子孫です。でも、ことばはほとんどわかりませんが」と答えた。

すでに「老華僑のことば」となったタイの潮州語の今後はどうなるのだろうか。

『タイからの手紙』でまさに描かれていたように、移民一世がコミュニケーションの土台として闊達に潮州語を話す言語空間は極小化していくことであろう。しかし、潮州語は今後も移民コミュニティを緩くつなぐ紐帯とし

て機能していくことも確かなのではないか。
　これはタイの話ではなく隣国であるが、筆者のいる宮崎大学の留学生Tさんに「私の故郷」という題名で作文を課したら、奇しくも次のような文を寄せた。

> 多文化の（マレーシア半島部の）イポーは、マレー系、中華系、インド系などの民族から構成されています。中華系の中では広東省と福建省からの子孫が多いです。というわけで、私は国語のマレー語、母語の中国語、共通語の英語以外に、広東語と福建語も話せます。日本語を含む6つの言語をしゃべれる私は、日本に来てから、いつもびっくりされます。しかし、実は、故郷で4つ、5つ以上の言語を話せるのは非常に一般的なことです。

　この作文をTさんに返却するとき、筆者は本人に聞いてみた。「広東語と福建語が話せるなら、潮州語はわかりますか？」「はい、もちろん！」
　タイの首都バンコクでは摩滅しつつあるように見える中国語内の南方諸言語が重要な構成要素となっている多言語空間、多言語社会は、東南アジア各所に息づいているのである。

2.　温州語のネットワーク――世界に散らばる商用リンガ・インテルナ

　2016年2月24日、中国浙江省南部の温州（うんしゅう）にあるテレビ局、温州電視で『温州両家人』という全国のテレビ局が共同で制作した番組の温州語吹き替え版の放送が始まった。
　この番組は、2012年の年末に全国ネットで、不自然ながらも普通話で放映され、その後温州語吹き替え版が放送された番組の続編として制作されたものである。
　『温州一家人』は、現在、民間による工業活動が最も盛んな温州が、その

図1　温州および義烏関連地図（原図：Googlemap）

　貧しい状況から改革開放政策を経て繁栄に至る、ある一家の30余年のサクセス・ストーリーを中心に据えたドラマである。これに対し、『温州両家人』は、「両」の字が示す通り、温州を軸に、グローバルに展開する温州人による商業活動の機微を舞台を現代に絞って描写している。2015年年末にやはり普通話で全国ネットの放映がなされていた作品である。
　このように、「温州商人」ということばで示される温州人の商圏とともに、彼らが話す温州語も世界的に播かれているのである。ここからは、その商圏の西の果て、リスボンに視点を移動させてさらに考察したい。
　筆者は、1995年から2001年までの6年間、リスボンの街で暮らし、大西洋に面すユーラシア最果てのこの街が変化する様子をじかに見てきた。当時、リスボンの市内は、中華料理店で溢れており、角々に立地するほど、ありふ

れた存在であった。そうした中華料理店の装飾は、決まって立体画のように精巧な、しかし、大作の石の細工だった。筆者は、最初、それをプラスチックだと思い込んでいた。

その石の細工は、「青田」という町でつくられた石彫だということを知ったのは、かなり後になってからだが、その「青田」こそ、石彫と同じく、世界中に温州商人を送り込んでいる大拠点であった。

ところが、あれだけ多かったにもかかわらず、現在、ポルトガルの首都、リスボンではほとんど中華料理店にお目にかかれない。しかし、往時の「海洋帝国」の象徴のように、20世紀の最後まで植民地マカオを抱えていたポルトガルの首都にしては、非常に奇異な感じがする。一方、ポルトガルの現代史では、インドに1961年「侵略」されて失ったとされる、ゴアゆかりのインド料理は、そのオーナーや料理人がゴア出身かどうかはともかくとして、かなり容易に見つけることが出来る。

これはどうしたことだろう。ことは2006年3月30日にさかのぼる。この日、ポルトガル政府で安全や衛生の査察を担当している食品・経済安全庁 Autoridade de Segurança Alimentar e Económica（以下、ASAE）は、リスボンやポルトをはじめとする都市で、130店の中華料理店に対する一斉査察を行い、その衛生状況が劣悪であるとして、即日で14店のレストランに閉鎖命令を出した。ASAEの言い分は中華料理店へのそれまでの査察が、その他のレストランに比べ不十分だったというものだったが、中華料理店オーナーの間での動揺は激しく、2006年のうちに、リスボンの街の角々にあって庶民の胃袋を満たしていた中華料理店が次々と姿を消していった。

彼らはどこへ行ってしまったのだろうか。図太い中国人経営者の一部は、「大阪」、「さむらい」などという看板に取り替えて、日本料理店に鞍替えし、新たな査察を煙に巻くとともに、中華料理店での衛生観念について報道されてしまったイメージの一新を図った。しかし、リスボンっ子にとって日本料理は中華料理に比べてなじみが薄い。もともとあった中華料理店の数を補填するだけの和食の需要はない。多くの中国から来た料理人や配膳係が解雇されたはずである。彼らはどこに行ったのか。

時を同じくして、ポルトガル北東部の小さな町であるミランダでは3店の中国雑貨店が開店した。以前、スペインから流れてきた店があったが、そのオーナーとは異なり、新しいオーナーたちはポルトガル大西洋沿岸部から移ってきた人々であった。3店のうち2店は同じオーナーで、かなりの顧客を獲得していることが伺える。この人の故郷を聞けば、浙江省麗水市（地級市）青田県温渓鎮であった。消えた料理人たちや配膳係たちと同じ故郷である。こうして地方の小都市から小さな村に至るまで、温渓の人々が切り盛りする中国製の廉価品を売る店が開店ラッシュを迎えた。

　彼らの故郷、温渓の町は江南平原の山がちになり、その山並みが福建につながっていく東側の峰々の水を集める、甌江左岸べりにこびりつくように位置するが、甌江をさらに下流に下ると、浙江省南部最大の町、温州に入る。古くは「温州ミカン」が、由来に箔をつけるためにその名を借りた都市である。現在では中国の民活発祥の地として、そして、広東や福建などのいわゆる〈老華僑〉に続く、いわゆる〈新華僑〉の送り出し地として知られている。この街では、中国語系の呉語に含まれるとされる「温州語」が話されている。「温州語」は、「中国語で〈最も難解な方言〉」とされる。さらに温州語と近縁で分布域の北側で話されている「処州話」の南部で話される「青田語」とは、同じ流域の上流・下流の関係であることもあり、外部ではほぼ同じことばと概括されることもある。しかし、ポルトガルにいる温渓出身者に聞けば「温州語と青田語はかなり違い、温州市民と青田県中心部の人が出身地のことばで話せば、あまり通じないことが多いのではないか」という答えが返ってくる。ただし、その中間に位置する温渓出身者は、「どちらのことばもわかる」との回答が多い。

　物産店をやっていくには何より仕入れが肝心である。廉価な品々を薄利多売の方法で日銭を稼ぐには、いかに仕入れ値を低く抑えるかが問題になる。幸い、温渓の人々には温州や義烏など日用品生産の拠点と故郷が近く、こうした品々を卸す輸入業者にアクセスしやすい。輸入業者とのコミュニケーションを問うたところ、決まって「温州語か青田語」との答えが返ってくる。輸入や卸売りをする、流通の川上側の人間も温州周辺出身者が多いようだ。

実際、リスボンの小売業者に「（中国語の標準語となりつつある）普通話で値切り交渉ができるか」と問うと「普通話で交渉したことは無いが、多分割高になるだろう。だから温州周辺以外出身の中国人がこの商売をするのは難しい」との答えを得た。他方、小売店で（経営者ではない）温州出身従業員に「就職活動の際、温州語を用いるか、普通話を用いるか」と問うたところ、「雇用者側が温州語で質問してきても普通話で答える。なぜなら普通話を話すことイコール教育を受けた証拠になるから」との回答を得た。このように、ことばの意識的スイッチングや戦略的使い分けにも長けている3言語使用（ポルトガル語＋中国語内バイリンガル）以上の人々も若者を中心に出てきている。

　ポルトガルを含む多くの欧州地域、さらにはアフリカ等でいわゆる「温州商人」の進出はすさまじく、ネットワークの網目を細かくしながら進出先それぞれの政府による規制に柔軟に対応しながらたくましく生きている。そして、故郷で出稼ぎ先を見つけるところから、移民先での日々の仕入れまで、彼らの故郷の、非常にローカルであり、普通話からすると「異質」とされることばが、彼らのネットワークの中で「リンガ・フランカ」として世界中で使われているのである。ただし、彼らの中では「リンガ・フランカ」でも、他の中国人を含め、ネットワークの外の人間には難解で、「職業語」や「通語」と化している。その意味で世界中において用いられる内輪語、「リンガ・インテルナ」といえよう。この事実について、リスボンの地元っ子は気がついているだろうか。

　1999年までマカオを植民地として持っていたポルトガル人の間には、マカオで話されていることばが普通話ではなく広東語であることを知るものは、実際にマカオに行ったことのあるインテリ層を中心に若干いる。そのことは、そうした機会の無かった他の西洋人に比べて中国の言語多様性を理解する術となろう。実際、しかし、温州語がいわゆる「1ユーロショップ」で日々話されていることを知る人間は非常に少ない。管見の限り、彼らの出身地温州について言及している研究は、唯一それを表題に取り入れているMapril (2002) のほか、まれに見られるものの、彼らのことばそのものに肉薄して

いる記述は、Pinto（2010: 44-45）にポルトガルで話されているマイノリティ言語としてミランダ語やインド半島の西側基部周辺を出自とするグジャラティ商人の話すグジャラティ語、ポルトガル旧植民地の各クレオール語、アンゴラのバントゥ系言語キンブンドゥ Quimbundu とともに、温州語や上海語のグループ（上位概念）とされる Wu（「呉語」）について簡単な言及があるのみである。

温州周辺の人々は、彼らのローカルなことばを使って、東アジアの人間の中でいち早くグローバル化に即応できる体勢を整えているように見えるが、それでは、われわれを含め、他の多くの人々には、どんな可能性が残されているのだろうか。ヨーロッパの経験を横目で見ながら、それを考えるのが狙いである。

さて、温州語は「リングア・インテルナ」として、少なくとも華僑／華人の間ではこれからも安泰であろうか。

筆者は、それが生き延びることを切望しながらも、楽観視はしていない。その理由は主に次の2点がある。

① 中国本土での普通話（中国語共通語）の——特に教育およびマスメディアにおける——浸透と温州語のステイタスおよび通用性の低下
② 卸売業者としての義烏に本拠を持つ企業の急激なステイタス上昇とそれに伴う義烏の商用ハブ化

①については議論の余地がないであろう。温州では、今でも市内で温州語が闊達に話されているが、20歳代以下になると、とたんに話す行為に際立った減退がみられる。2016年2月、これも筆者が教えた留学生、Yさんの家族が大家族一同で祝う春節の新年会に出席する機会を得た。おしゃべりしているのは30代以上ばかりで、若年層は貝のように口を閉じたままであった。若い層に聞いてみると、内容はわかるが、話すのが難しい、という答えが返ってくる消極的母語話者の状態である者が多い。彼らがやがて親世代とな

り普通話が温州語を圧倒する時代が来てしまうことは容易に想像できる。温州語の中心でこのような状態に陥り、言語的ハブを失えば、世界に散らばる温州語話者はどうしても分断化し、ネットワークの瓦解が起こることは必然的展開である。ただし、その彼らであっても、温州語の存在を強く意識していることは、留学生Yさんの、前出のTさんと同じ「私の故郷」という題での以下の作文でも明確に把握できる。

> 私は中国の浙江省温州市で生まれ育った。温州は海の近くにあり、商業活動で有名になった町だ。大都市ではないけれど、とても賑やかで山水の景観にも恵まれている。温州の一番独特なところは地元の言語にあると思う。唐宋時代の古語の特徴をそのまま残してきたので、現代の共通語とは全く異なる。中国で一番難しい方言(ママ)だと言われている。温州人はみんな自分の方言(ママ)に誇りを持っている。古語の研究にとって生きた化石でもあるし、戦時下では軍の機密情報の暗号としての伝達にさえ役に立ったそうだ。

温州語のおひざ元、温州市内での温州語が普通話に圧迫されながらも命脈を保てるのかどうか、これからも注視してゆきたい。

他方、②で示した義烏の卸売業者の台頭による温州語ネットワークの動揺については、少し説明が必要であろう。

義烏は、浙江省中部内陸、金華市(地級市)義烏県の県都である。浙江省の省都である杭州から、2016年に開通した高速鉄道で30分強、しかし、開通する前は汽車で3時間以上の旅であったから、6倍あまりスピードアップしたことになる。一方、義烏と温州は、従来の汽車で5時間あまり、2016年の春節に開通した高速鉄道で1時間半あまりの道のりである。

義烏は、2002年に周辺地域を中心とした軽工業の生産者および卸売業者が集う形で「商貿城」の第一区がオープンするまで、何の変哲もない地方の小都市であった。温州とは違い、旧態然とした郷鎮工場が古い生産設備とそれゆえに低い生産性に苦しみながら軽工業で糊口を潤す、そういった産業構

図2　義烏発マドリッド行一番列車をあしらった公共広告（2016年3月2日、義烏駅前）

造の町であった。

　しかし、今では義烏をまねて各所で雨後の筍のように現れている「商貿城」のさきがけとして開設された「義烏国際商貿城」は、先行者利益に存分に浴する形で義烏の商工業上のステイタスを一変させた。その名声を徐々に中国全土に広めた義烏の国際商貿城は、ほぼ同時に全世界にも知られるようになり、世界中からバイヤーが集まるようになったのである。

　今や6区までに拡大した義烏国際商貿城は、数万の卸売り業者のブースを従える、「5元／1ドル／1ユーロ／100円ショップのグローバル卸売市場」の名を欲しいままにしている。さらには、2015年、中国中央政府が公表した「一帯一路政策」、別名「新シルクロード政策」において、マドリッドまでの長い鉄道交易路の東の始点として、省都でもなく、海港を持たない内陸町であるにも関わらず義烏が選ばれ、2014年11月18日には早くも国際貨物列車が義烏始発で運行を開始し、21日後、同年12月9日にはマドリッドの中心駅、アトーチャにこの一番列車が到着している。そこには中央政府の義烏への注目と期待が透けて見える。こうして義烏では、世界のありとあら

図3　義烏の多言語表示の例——ハラル・レストラン（2016年3月2日）

ゆる場所で話される言語と、その言語表示であふれかえっており、言語景観研究の場としては垂涎の地であるといってよい。

　しかし、その中でもいち早く、1980年代には商工業で頭角をあらわしていた温州および温州人の社会的ステイタスは非常に高い。街なかには、温州を冠した社名、店名表示であふれるが、一方で地理的にやや近い位置にある杭州を冠する企業名、飲食店名は全くなかった。しかし、義烏での温州語の使用状況は、温州商人どうしでない限り、ほぼゼロといっていい。では、義烏国際商貿城の主要言語、商売上の「リンガ・フランカ」は何であろうか。

　それは、普通話なのである。

　もちろん、義烏のことばも温州語と同じく呉語に属する言語である。普通話とは全く違う。しかし、義烏語と温州語との違いは青田語との違いとは比べようもないほど、かけ離れたものである。義烏で聞き取り調査をした限り、義烏のことばを理解できるのは、かろうじて東の隣町の地級市市都である金華、西の隣町でやはり県都の東陽市の住民ぐらいである。

　さらに、義烏は突然発展したため、商工業のステイタス変化のスピードに

潮州語、温州語、そして播州語　　165

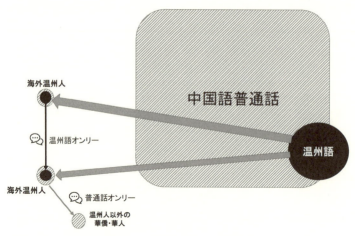

図4　海外での温州語の使われ方（次図とも寺尾作図）

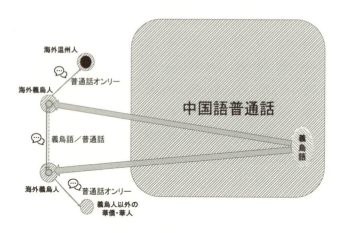

図5　海外での義烏語の「使われ難さ」

文化的要素が追随できていない。このため、義烏語が交易上のリンガ・フランカにも、「リンガ・インテルナ」にも機能するには至っていないのが現状で、今後ともこうした立場になるのは難しいであろう。

　生産現場としての温州地域の重要性は維持しているものの、交易上の重心が義烏に移ったことは、グローバルな温州語のステイタスに負の作用を引き

起こしている。前に書いたように、従来は海外においても、温州や青田出身の華僑の小売店主が卸売業者とやり取りするのは圧倒的に温州語であったが、ここ10年ほどは、義烏商貿城をハブとして海外に展開する卸売業者も増え、彼らは普通話を交易用語としているのである。特に海外における温州語と義烏語の使われ方／「使われなさ」を模式化すれば図4、5の通りとなろう。

　こうなると交易用の「リンガ・インテルナ」としての温州語の言語的ステイタスが退行するのは明白である。筆者が2016年2月に青田で行ったインタビューでも、その状況ははっきりと見て取れた。今や青田出身のイタリアやスペイン、ポルトガルで根を張る1ユーロショップ等の小売業者や川下側に位置する卸売業者にとって、義烏および義烏出身の業者との関係は、文具や装身具、運動器具、その他小物に関しては切っても切れないものとなっており、それだけに普通話で仕入れをする機会も増えているとのことであった。一方、温州周辺の生産業が圧倒的優位に立っている靴、衣料品、装身具でもボタン等については、彼らの仕入れ先としての温州および仕入れ言語として温州語のニッチは今のところ安泰のようであるが、今後ともコンスタントな観察、聞き取りが必要であると思われる。

3. 90年後の『方言矯正方案』——華僑／華人を受け入れた側の言語再考

　筆者は、もともと播磨国明石郡内で、のちに神戸市域の拡大によって吸収合併された、現在の垂水区塩屋生まれである。神戸は横浜中華街、長崎新地中華街と並ぶ中華街である「南京町」が位置することで知られるように、明治時代以来、多くの華僑が居を構え、交易をした地である。また神戸中華同文学校は、その前身の神戸華僑同文学校が1900年に創立されて以来、多くの華僑二世世代以下を世に送り出してきた。

　こうした意味において、神戸は、華僑一世の故郷、二世以下の本貫（自分の父母・祖父母等の出身、発祥の地）で話されていたことばと、地元のことばとの接触の地である。

神戸の華僑社会において、普通話／北京語／マンダリン／華語標準語などと呼ばれ、呼称によって指し示す語彙・文法・発音等が若干異なるものの、言語的ステイタスの上位を占める言語の他に、故郷や本貫として重要なことばとして、福建語（閩語）、潮州語、広東語、客家語等、移民送り出し地である中国大陸南部や台湾で話されている中国語内部とされる言語群を挙げることができることは論をまたないであろう。先に取り上げた温州語もこのラインナップに入る可能性を十分に持った言語であったが、仁木（1993）が詳細を明らかにした通り、関東大震災で起きた朝鮮人・中国人虐殺のうち、虐殺された中国人の大部分が浙江南部の温州および周辺地域出身の主に単純労働従事者であったため、関東地方のみならず日本列島全体への温州人の移民熱が冷め、逆に多くが故郷に引き揚げるか他の海外地域に再移民してしまった。このため、青田出身の王貞治の父親王仕福など一部の例外を除いて定着せず、従ってそのことばも華僑社会に根付かなかった。

　接触のもう一方の側、地元のことばは何であろうか。

　一般的には神戸市域で話されることばは「神戸弁」ということばで概括されることもあるが、言語地理学上は、南京町の位置する神戸市中央区元町かいわいは、「播磨ことば」、いわゆる「播州弁」東部の区域とされている。「関西弁」一般と「播磨ことば」とを分ける一番大きな文法的特徴は、尊敬表現の動詞語尾が「〜（して／した）はる」になるか、「〜って（や）」になるか、である。少なくとも近世以降の両者の歴史的境界線は、住吉川であり、この川は言語地理学者によって「テヤハル川」と呼ばれてきた。南京町との位置関係でいえば、神戸市中央区より東、JR西日本山陽本線の駅にして元町駅から数えて5つ東の駅に当たる住吉駅に近い。

　というわけで、神戸の華僑にとって、彼の言語生活の中で、故郷や本貫と、神戸市（中央部）という生活空間において、基層的位置を占める言語としては、福建語（閩語）、潮州語、広東語、客家語等と、これと対置するのであれば、「播州語」ということになる。

　しかしながら、彼らの故郷や本貫のことばの上位に、中国語普通話が重くのしかかっているのと同様、もしくはそれ以上に、播州語の上位には日本語

標準語、その中間に「関西標準語」とも呼ばれる京阪のことばをブレンドして通用性を高めたような言語がのしかかっている。

　この言語階梯は、拙著・寺尾（2014）で詳しく述べたように、教育やマスメディアの影響によって住民が濃厚に日本語標準語に接触するようになり、日本語標準語の語彙・文法・そしてなにより発音の全体像について地元住民が把握できるようになった近年、少なくとも第二次大戦後、成立したものだと考えることが妥当であろう。しかし、他方、日本語標準語について、話せないどころか、ほとんどその言語的実態がつかめない状態であった戦前期において、すでに「想像上の言語階梯」が成立しつつあったことも事実である。すなわち、聞いたこともない日本語標準語を上位に、それしか話せないはずの播州語をことさら卑下、自嘲して下位に置き込む言語認識の社会心理が成立しようとしていたのである。教育現場でその実態を露呈させているのが、『方言矯正方案』、JR山陽本線の駅にして、当時、華僑が集いはじめていた元町駅から神戸駅をはさんで2つ西にある兵庫駅の近くにある現・神戸市長田区の真陽小学校の教員によって編まれた書物（真陽小学校職員（1926））である。この中で、次のように〈方言矯正〉の必要性が訴えられている。

　　歴史のある親しみをもつた方言を標準語に代へるといふのは、困難な仕事である。然し不可能な事ではない。時機と方法の問題である。現に維新前と今日、或は国定教科書制定前と今日とを比較してみると、全国各地方に標準語が侵入する勢は甚しいものがある。即ち時の力と方法の問題でだんだん方言は駆逐されて行くのである。教育は国家百年の後を考へねばならぬ。此の理想をもつて努力を続ける時は、遠からぬ将来に於て方言の影は全くうすくなつて理想を実現する事が出来ない事はない。とても駄目だとあきらめるのは早い。教育は気短かではいけない。百年後の大計を立て〻進まねばならぬ。［8ページ］

　こうした考え方は、「国際港」である神戸の「受け入れ側」——（手垢にまみれた単一文化主義の権化ともいえることばをことさら使うならば）〈ホス

ト社会〉——は、標準語を使わねばならないという強迫観念に支えられていることは、冒頭に「はしがき」として寄せられた校長の次のことばでも明らかである。

> 日本の玄関としての神戸言葉に一日も速く品位と権威とを備へしめるには此際、一層吾人の努力を要し且又識者有志の応援と一般市民の自覚に俟たなければならぬのであります。

さらに本書の最後は、実際に調査、執筆した富士訓導（第二次世界大戦戦前までの「教諭」の呼称）の書く、次のようなエピソードで締めくくられる。

> 標準語は確かに教育の程度に依つて現れるやうです。大阪へ商用で来た京城あたりの朝鮮人は大阪の内地人は中等教育以上の教育を受けた人の言葉は正しいが、小学校程度の教育を受けた人や教育を余り受けてゐない人の話しは、全くわかりません。といつたといふ事です。方言訛語の多い大阪の人を評した朝鮮人の言も他山の石です。[22ページ]

彼らが、本来なら「多国語」などというごまかしでは覆いきれない、「多言語」を話し、言語ナショナリズムでは捕捉しきれない多様な人々が世界中から集散する場であるはずの国際港神戸港から、受け入れ側のことばの多様性の根幹を去勢することが「国際港の面目を保つこと」と考え、播州語の駆逐と日本語標準語の普及を目指した「100年後の大計」を立ててから、その目標期日までに10年に迫った。今日、播州語の使用実態と播州語に対する言語態度はどのようなものであろうか。

筆者としてはまことに残念ながら、彼らの企ては軌道に乗り、大いに成果をあげている、と考えるのが妥当な評価である。播州語に対する母語話者による自己嫌悪感はすっかり根付いており、それは、例えば、SNSのTwitterで「播州弁」と検索すれば、時を限らず一目瞭然となる。

しかしながら、本来、神戸の華僑にとって言語接触のひとつの基層である播州語を、少なくともこの言語よりは言語ステイタスを確保している中国語内の諸言語と対置することによって、「東アジアの言語多様性と近代における変容」、そして「グローバリズムによる人の移動と言語」という大きな構図の中で考える、またとない機会を得ることができるのである。筆者のような門外漢が、中国の言語多様性に大きな関心を寄せるのも、このあたりに意義を感じていることが理由の一つである。

　本文は、編者である石剛先生の強い勧めと粘り強い忍耐がなければ成り立たなかった。ここに深く感謝の意を述べる。なお、本文は、書き下ろした部分と、寺尾（2014）をベースとし大幅に書き換えた部分（「2.」の前半の一部のみ）からなる。

引用文献
真陽小学校職員［編］(1926)『方言の調査と矯正方案』神戸米肥日報社（印刷）
寺尾智史 (2014)『欧州周縁の言語マイノリティと東アジア——言語多様性の継承は可能か』彩流社
仁木ふみ子 (1993)『震災下の中国人虐殺——中国人労働者と王希天はなぜ殺されたか』青木書店
ボータン (1979)『タイからの手紙』（上・下）井村文化事業社
Mapril, José (2002) De Wenzhou ao Martim Moniz: práticas diaspóricas e a (re) negociação identitária do local, *Ethnologia* 12-14: 253-294
Pinto, Paulo Feytor (2010) *O essencial sobre política de língua*, Lisboa: INCM

新疆ウイグル自治区における漢語教育と検定試験
HSK、MHK の比較分析から見た政策変容

王 瓊

はじめに

　中国新疆ウイグル自治区では、90年代に入るまで、少数民族教育の各段階において、漢語教育は「民漢兼通」（少数民族語を学ぶと同時に漢語にも通じ併用することを意味する）を目標とし、授業時間数や内容から少数民族語と漢語の二言語の割合のバランスを取りつつ行っていた。具体的には、少数民族語が主で漢語が教科として教えられていたのである。この過程の中で、双語教師（少数民族語と漢語の両方ができる）、教科書、そして検定手段が漢語教育の欠かせない三要素として考えられていた。ところが、1996年からのHSK（漢語水準試験）の導入によって、教育現場のこの三要素は変化した。つまり、双語教師の漢語一元化（漢語だけできる）、無教科書化、検定手段の標準化へと変わり始めたのだ。2007年、MHK（中国少数民族漢語水準等級試験）の導入により、漢語教育の要求は一層明確化され、目標はすべての少数民族学校の漢語教育の質を向上することにおかれ、以後漢語教育をますます強化し、普及させていくことが目論まれたのである。この一連の方向転換によって少数民族教育は全体的に変容し、漢語教育の最終目標も「民漢兼通」から「漢語普及」へと向かった。

　ここで注目すべき問題は、本来検定試験としてのHSK、MHKはいった

いどういうシステムであり、なぜ新疆少数民族の漢語教育を大きく左右しているのか、また新疆少数民族の漢語教育はどのように HSK、MHK のシステムとつながり、現在のように変容してきたのか。本稿では、HSK、MHK のシステムの内実を具体的に分析しながら、これらの問題点を解明していきたい。

1. HSK 体系について

1996 年から、新疆少数民族教育の高等教育の段階では、HSK という検定試験の導入によって漢語教育が大きく変化した。すなわち、1984 年以来の漢語教育の目標である「民漢兼通」に対して評価の基準が明確にされ、この基準を中心に、HSK というシステムが成立した。ここでは HSK 体系の構造を検討し、そこから「民漢兼通」の基準が具体的にどういうものであるかを明らかにしたい。

1.1. HSK の定義

HSK は「漢語水平考試（Hanyu Shuiping Kaoshi）」の略称で、中国国家教育委員会（1998 年から教育部に改称、日本の文部科学省に相当）が実施する中国語を母国語としない外国人学生、華僑、中国少数民族等の中国語運用能力を測る国家レベルの標準試験である。英語圏の大学入試で使われる TOEFL などに相当する。この試験は、中国の教育部の指示により北京語言文化大学漢語水平（水準）考試センターが中国語能力を総合的かつ客観的な評価を行うため研究開発したもので、基礎漢語水平考試、初中等漢語水平考試と高等漢語水平考試（それぞれ HSK 基礎、HSK 初中等、HSK 高等と略称する）からなっていて、1984 年より中国国内でスタートしてから、1990 年 2 月に専門家による審査を経て、中国国家教育委員会が認可した。既に

定期的に中国国内を含め34ヵ国、100以上の試験会場で実施されている[1]。

HSKの基準について、中国国家対外漢語教学領導小組事務室漢語水平考試部の『漢語水平等級標準与語法等級大綱（「漢語水準等級標準と文法等級大綱」）』（高等教育出版社、1996年6月）によると、初等は、漢字を1604個、漢語語彙を3051個把握し、基本的な聞く、書く、読む、話すという能力を持つことである。中等は、漢字を2205個、漢語語彙を5253個把握し、一般的な聞く、書く、読む、話すという能力を有し、大学本科、専科の授業に必要な言語能力をもつことである。高等は、漢字を2905個、漢語語彙を8822個把握し、漢文化に基づく漢語の理解やそれを生かす能力が充分であり、教育、研究、外交、ビジネス、新聞、テレビ、旅行などに十分な言語運用能力を持つことである[2]。

---

1 日本では、財団法人アジア国際交流奨学財団が、1991年にこの試験を初めて紹介した。その後、財団法人アジア国際交流奨学財団の関連団体である国際情報アカデミーが、中国国家教育部から西日本事務局としての位置付けの認定を受け、実施している。日本国内における中国語の資格としては「中国語検定」が一般的だが、日本の団体が主催しているため、資格の適用地域は日本のみであり、国際的な知名度は低い。これに対し、漢語水平考試は中国教育部の認定試験であるため、中国においての中国語力の証明として通用する。英語圏に留学する際に英語力の証明として提出が義務づけられているTOEFLなどの中国版とみなされている。日本では、1991年よりHSK初中等を年一回実施し、1998年からはHSK基礎を加えて春季秋季に分け年二回実施するようになった。2001年度からは、受験手続をより簡素化するために東日本事務局と西日本事務局が統一され、HSK実施委員会事務局（HSK日本事務局）として一本化された。

2 HSKは対象者の一般的な言語能力を測定することが目的であるため、特定な教科書やテキストはない。学習者は『漢語水平考試大綱』という指導書を参照して、HSKの流れ、模擬問題、問題の答えやHSKの漢字語彙一覧表などを了解することができる。

表 1　HSK 等級別のレベル

等級	証書の種類	各級のレベルの解説
1 級	証書なし	中国語が少し分かり、個別の語句を理解し表現することが出来る。
2 級	証書なし	初級中国語の基礎があり、簡単な文章を理解し、簡単な意志を表現することが出来る。
3 級	初級 C	初級（低レベル）の中国語能力を持つ。中国の大学で実施している外国人向けの中国語学習コースの正規教育を 800 時間以上履修した学習者が、このレベルに到達出来る。このレベルは、中国の理工科大学の学部に入る最低基準に達している。
4 級	初級 B	初級（中レベル）の中国語能力を持つ。中国の大学が実施している外国人向けの中国語学習コースの 1 年修了レベルの良好な基準に達している。
5 級	初級 A	初級（高レベル）の中国語能力を持つ。中国の大学が実施している外国人向けの中国語学習コースの 1 年修了レベルの優秀な基準に達している。
6 級	中級 C	中級（低レベル）の中国語能力を持つ。中国の大学が実施している外国人向けの中国語学習コースの正規教育を 1500 時間以上履修した学習者が、このレベルに到達出来る。このレベルは中国の文化系大学の文学歴史学部に入る最低基準に達している。
7 級	中級 B	中級（中レベル）の中国語能力を持つ。中国の大学が実施している外国人向けの中国語学習コースの 2 年修了レベルの良好な基準に達している。
8 級	中級 A	中級（高レベル）の中国語能力を持つ。「HSK 証書」の最高レベルである中級 A 級を取得する基準。このレベルは初級通訳のレベルに達している者と見なすことができる。
9 － 11 級	高級	記者、学者、教師や高級通訳のレベルに達している。

出所）HSK 日本事務局のサイト http://www.jyda-ie.or.jp/hsk/top.htm や京都外国語大学　川口栄一、天津外国語大学　馬蘭主編（2005）『HSK 中国語運用能力検定試験模擬問題集Ⅳ』（KJA 出版）、2 頁に基づいて筆者が作成。

1.2. HSK の構造

1.2.1. HSK の等級

　HSK の構成は基礎が 1 ～ 3 級、初、中等が 1 ～ 8 級、高等が 9 ～ 11 級の 4 段階 11 階級に分けられている。受験者は同一の試験問題に取組み、その得点（スコア）をそれぞれの等級に換算し（級の多い方が上級）、規定の等級に達すれば、中国国家漢語水平考試委員会より「漢語水平証書（HSK 証書）」が授与される[3]。その等級、証書による各級レベルの水準は表 1 の通り

3　授与された HSK 証書は、いずれも長期間有効である。但し、外国人留学生が中

である。
　新疆では、2010年10月から少数民族に向けたHSKの実施が停止されたが、すでに取得したHSK証書の使用は認められている[4]。

1.2.2. HSKの等級取得の条件
　HSKの等級取得の条件は次の3つに集約される。

> 1) 合格点数（トータルスコア）が、その階級取得の最低得点基準を満たすこと。
> 2) 4項目の内、3項目が最低限必要な得点を満たすこと。
> 3) 4項目の内、1項目が本来必要とされている最低得点に未達であることは許されるが、1ランク分のみである。もし、最低下限を2ランク以上下回った場合、全体評価が1ランク下の証明書となる。

　HSKの高等は日本国内で実施されていないため、ここではHSK初、中級を例として、HSKの等級点数範囲を見てみよう（表2）。
　このような点数範囲の条件によって、HSKの等級（=「民漢兼通」の水準）が数値化され、「民漢兼通」に対する評価の基準が統一された。

1.2.3. HSKの試験内容
　HSKは、聴解（リスニング）・文法・読解・総合の4つのセクションに

　　国の大学に入学するための中国語能力証明としての有効期限は2年とされている（受験日から起算）。
4　HSK証書は国内の少数民族に対して以下の効用がある。
　　1) 大学の専門授業に入る時や大学院入試を受験する際、自分の漢語レベルが要求されているレベルに到達できていることを証明できる。
　　2) 8級に達した者は大学在学中の漢語課程の履修を免除することができる。
　　3) 就職する場合は、この証明書が採用を決める必要不可欠或いは唯一の根拠として考えられている。

表 2　項目別点数範囲

等級	等級点数範囲					備注
	聴解	文法	読解	総合	トータル	等級証書
1級	20-28	19-27	21-29	19-27	78-114	証書なし
2級	29-37	28-36	30-38	28-36	115-151	証書なし
3級	38-46	37-45	39-47	37-45	152-188	初等C
4級	47-55	46-54	48-56	46-54	189-225	初等B
5級	56-64	55-63	57-65	55-63	226-262	初等A
6級	65-73	64-72	66-74	64-72	263-299	中等C
7級	74-82	73-81	75-83	73-81	300-336	中等B
8級	83-100	82-100	84-100	82-100	337-400	中等A

出所）HSK日本事務局のサイト http://www.jyda-ie.or.jp/hsk/top.htm や京都外国語大学　川口栄一、天津外国語大学　馬蘭主編（2005）『HSK中国語運用能力検定試験模擬問題集Ⅳ』（KJA出版）、3頁に基づいて筆者が作成。

表 3　HSKの問題構成

試験内容	問題数	割合	解答時間
聴　解	50題	29.4%	約35分
文　法	30題	17.7%	20分
読　解	50題	29.4%	60分
総　合	40題	23.5%	30分
合　計	170題		145分

出所）京都外国語大学　川口栄一、天津外国語大学　馬蘭主編（2005）『HSK中国語運用能力検定試験模擬問題集Ⅳ』（KJA出版）、3頁に基づいて筆者が作成。

分かれており、受験者は同一の試験問題に取組み、トータル170問（試験時間145分）400点満点で総合的な活用能力を測定する[5]ものである。

　聴解（リスニング）試験の内容は主に普通話で行われる日常会話、短い文、一般的なテーマのスピーチである。文法試験の内容は、指定語が文中に入るべき位置を選択する問題と穴埋め問題からなっている。目的は常用機能語の使い方、漢語の基本的言語の表現法などの文法をどの程度理解しているかをチェックすることである。読解試験の内容は語彙知識と文の理解が中心であ

---

[5]　HSK基礎の試験内容は、リスニング・文法・読解の3つのセクションに分かれて、トータル140問300点満点である。HSK高等の試験内容は、聴解（リスニング）・文法・読解・総合の4つのセクション75問に、さらに総合表現、作文、会話の内容を加えている。

り、いずれも指定語に一番近い解釈を選ぶ問題である。目的は言葉の意味（語義）理解能力と閲読能力を測定することである。総合穴埋めは異なる体裁やテーマの読解用文章及び手紙などの実用文から材料を取り、言葉の総合的な運用能力と漢字の書写速度を測定する試験問題である。問題形式は、与えられた4つの言葉の中から最も適当なものを1つ選んで各短文の空欄に記入するものである。

以上からわかるように、HSK試験は正解選択の形式で行われているため、聴解、読解を中心に、「民漢兼通」に対する評価の手段はコンピュータ化が実現できた。これはHSK体系の標準化の重要な特徴とも言える。

以上の構造に沿ってHSKは展開されたが、最大の目的は少数民族の実際の漢語応用能力の向上を短い期間で達成することである。1998年までに、全新疆各地域にHSKの試験場を設立し、各大学でもHSKを中心に漢語教育が教授された[6]。

1.3. HSKによる「民漢兼通」の新基準

HSKは検定試験の1つとして機能している一方、1998年からはHSKを軸に、一連の教育政策が打ち出された。具体的に言うと、少数民族高校を卒業して大学の理系に進学した学生はHSKの5級以上に達し、文系に進学した学生はHSKの6級以上に達すれば、予科段階の漢語学習を免じられるこ

---

[6] HSK日本事務局のサイト http://www.jyda-ie.or.jp/hsk/top.htm を参照。1995年12月、中国国家教育委員会（当時）は中国の各大学に対し外国人留学生の入学に当たっては「HSK証書」を基準にするよう正式な規定（外国人留学生が「漢語水平証書」により大学入試を行う規定）を公表した。規定では、中国の大学で四年制の大学教育を受けようとする外国人留学生は、必ずHSK試験を受け、各専門ごとに示された最低レベルの「HSK証書」を取得して、初めて正式に大学に入学することができる旨を規定した。この規定は大学により1996年度或は1997年度から実施された。また、中国語学習コース（漢語進修生）のクラス分けにもHSKを採用する大学がますます増えている。

とになった。さらに8級以上に達した学生は、直接漢族班に入って学習することができる措置をとった。

また、技術学校や高等教育に対しても、少数民族学生の漢語水準の合格基準が具体的に設定された。この基準に到達するために、少数民族の教師側も漢語水準の保有に努めるべきであると考えられ、教師に対する漢語水準が要求された。学生や教師に対する具体的な等級要求は以下の通りである[7]。

学生の場合は、漢語を専攻する場合と、専攻しない場合とで異なっているため、（　）内に漢語を専攻としない場合の等級を示す。中等技術学校を卒業するまでに6級（5級）、高等技術学校を卒業するまでに7級（6級）、大学を卒業するまでに8級（7級）に達する必要がある。

教師の場合は、漢語教師とそうではない教師とに分かれている。学生の場合と同様にその基準を示す。小学校は6級（5級）、中学校は7級（6級）、高校・中等技術学校は8級（7級）、大学は9級（8級）が必須である。

このように、少数民族教師及び学生の「民漢兼通」の基準が明確にされ、漢語は学校の言語教育科目の一つから資格試験の一つとなり、さらには少数民族の学校教育の全体へと浸透していった。しかし問題はこの過程の中で、教育における少数民族語水準についての基準が策定されなかったことである。このため、実質上、教育現場において少数民族語の使用は重要視の対象から外されていったと言ってよい。こうした政策は2000年以後の高等教育における教授言語の漢語化の基礎を築いたという意味を持っている。

2. MHK体系について

1996年、新疆でHSK制度を用いて漢語教育を展開させるにあたって、「HSK推行」のための関係者が北京語言文化大学から派遣され、「新疆漢語

---

[7] 新疆維吾爾自治区人民政府文件、2004：64-2（http://www.xinjiang.gov.cn/2006年6月20日）。

水平考試办公室」(新疆漢語水準試験事務室、略称で新疆漢考办)が設立され、事務室は北京の「国家漢語水平考試委員会办公室」(略称で国家漢办)に属した。「新疆漢語水平考試办公室」はHSKを推行し、「民漢兼通」を徹底的に実現させることをスローガンとしている。しかし、結果としては、2000年までに政策において掲げられたHSK当初の目的を達成することはできなかった。原因として、今まで母語が漢語ではない少数民族、華僑、外国人に対して行われたHSKは漢語の聞き取る力や文章の解読力を重視しているが、話す力や文章を書く訓練については、あまり組み込んでいないことが指摘された。それを背景に、新たに漢語教育政策の調整が必要だと考えられた。つまり、少数民族の漢語強化を補強するために、外国人を対象とするHSKに替わって、新たに少数民族の「民漢兼通」の達成を評価する手段、すなわち、基準化という方向にさらに進化したMHKが導入されるようになった。ここでは2007年から導入されたMHK体系の構造を検討し、そこから「民漢兼通」の基準がさらにどのような変化があったのかを明示したい。

2.1. MHKの定義と内容

　MHK(民族漢考 Mingzu Hanyu Kaoshi)とは「中国少数民族漢語水平等級考試」(中国少数民族漢語水準等級試験)の略称で、母語が漢語ではない中国国内の少数民族に対して行われる国家レベルの漢語標準試験である。MHKは主に北京言語文化大学の漢語水準考試センターで開発、研究、製作され、初級から高級に向かって、1級、2級、3級、4級の4つの等級に分かれている。その具体的な級別内容は表4のようである[8]。

8　http://www.xjhsk.cn/、2008年6月16日の「中国少数民族漢語水平等級考試介紹」と、国家対外漢語教学領導小組事務室漢語水平考試部(1996)『漢語水平等級標準与語法等級大綱』(高等教育出版社)、「新疆维吾尔自治区实施中国少数民族漢語水平等级考试(MHK)暂行办法」(内部資料)を参照。MHKは対象者の実際的な言語能力を測定することが目的であるため、HSKと同じく特定の教科書やテキストがない。学習者は『中国少数民族漢語水平等級考試大綱』、『全日制民

表 4　級別による MHK の内容

級別 \ 内容		HSK に相当する等級	学習時間	学習基準	言語教育水準
1 級		初等	400〜800 時間	漢字 1604 個、漢語語彙を 3051 個	少数民族小学校を卒業する
2 級			800〜1200 時間	漢字を 2205 個、漢語語彙を 5253 個	少数民族中学校を卒業する
3 級	乙等	5〜6 級	1200〜1600 時間	漢字を 2555 個、漢語語彙を 7000 個	少数民族高校や大学の予科部を卒業する
	甲等	7〜8 級			
4 級	乙等	9 級	1600〜2000 時間	漢字を 2905 個、漢語語彙を 8822 個	大学を卒業するかそれ以上
	甲等	10〜11 級			

出所）「新疆维吾尔自治区实施中国少数民族汉语水平等级考试（MHK）暂行办法」（内部資料）に基づいて筆者作成。

　MHK は定期的に中国国内や海外で行われ、試験は筆記試験と面接試験に分かれている。HSK が筆記試験のみであったのと比べて、MHK は 1 級から 4 級までの面接試験を加えている。面接試験は筆記試験とは別に行われるため、受験者はそれぞれの成績によって、自分の具体的な漢語レベルを証明し、両方の「中国少数民族漢語水準等級証書」をそれぞれ取得することができる。また、HSK と同様に、3 級（甲等）に達した者は大学在学中の漢語課程を免除されると同時に、就職する場合は、この証書こそが採用を決める必要不可欠の参考として考えられるものである。さらに、この証書は、各級少数民族教師の資格取得や各級少数民族学校の漢語教育の成果評価などの面においても重要かつ唯一（2011 年 10 月から、少数民族に対して、HSK が停止され、MHK だけが実施されることになる）の参考として測定されている[9]。

　MHK の面接試験は「漢語口語測試系統」（漢語口語検定システム）で行われ、試験を受ける者は一人一台のパソコンを前に「漢語口語測試系統」の

　中小学漢語課程標準（試行）』や『漢字和語彙等級大綱』などを指導用書として参照し、MHK の流れ、模擬問題、問題の答えや MHK の漢字語彙一覧表などを理解しなければならない。

[9]　http://www.xjhsk.cn/、2008 年 6 月 16 日の「中国少数民族漢語水平等級考試介紹」より。

音声対話に対応しながら回答するものである。これによって、「漢語口語測試系統」によってすぐに面接の成績、つまり口語のレベル等級を測ることができる。そのため、試験を受けた者は、筆記試験と面接試験を両方受けても、得られる等級が異なることもある。したがって、試験を受けた者は自分の漢語レベルを、知識水準（筆記試験で測る読む、書く能力）とコミュニケーション能力（面接試験で測る聞く、話す能力）に分けてはっきり把握できる[10]。

2.2. MHK の構造

2.2.1. MHK の等級と証書

　MHK は 1 級から 4 級までそれぞれの試験によって、筆記と口語両方の「中国少数民族漢語水平等級証書」を取得できる。その等級、証書による各級レベルのさらに詳細な水準は表 5 のようなものである。

　以上のように、MHK は各級のレベルに対して、具体的な基準を設定し、この基準と照らし合わせて、各教育段階の少数民族学生の漢語水準の到達基準も画定された。こうして、小学生から社会人までの少数民族社会における漢語水準に対する国家からの要求が初めて体系的に 1 つになり、漢語教育の質を有効的に保証することが図られた。

2.2.2. MHK の等級取得の条件

　MHK の等級証書取得の条件は次の 3 つに定められている。

　　① MHK は等級別に試験を行うため、受験者はある級の試験を受け、合格したら、その級の証書のみをもらえる。しかし、同じ等級でも点数によって甲等（高レベル）と乙等（低レベル）に分かれる場合がある（3 級、4 級の場合）。

---

[10] http://www.xjhsk.cn/、2008 年 6 月 16 日新疆漢語水平試験事務室「HSK 新聞動態」より。

表5　MHK等級、証書別のレベル

等級	証書の種類	各級のレベルの解説
1級	一級証書	初級中国語の基礎があり、簡単な文章を理解し、漢語で日常的なコミュニケーションができ、簡単な意志を正しく表現することが出来る。少数民族小学校を卒業し、少数民族中学校の漢語授業を受けるような基準に達している。
2級	二級証書	初級の中国語能力を持つ。普通の文章や情報を理解し、漢語で日常生活、学習や仕事ができ、漢語で一般な実用文を書くことができる。少数民族中学校を卒業し、少数民族高校の漢語授業を受けるような基準に達している。
3級	三級乙等証書	中級（低レベル）の中国語能力を持つ。日常生活、学習や仕事において、漢語の支障がなく、漢語で自分の意志を分析し説明することができる。少数民族高校を卒業し、大学の予科部の漢語授業を受けるような基準に達している。
	三級甲等証書	中級（高レベル）の中国語能力を持つ。漢語について、ことばや文化の支障がほとんどない。漢語でレポート、ノートや報告書などを書くことができる。このレベルは、大学の予科部を卒業し、学部の漢語授業を受けるような基準に達している。
4級	四級乙等証書	高級（低レベル）の中国語能力を持つ。漢語で様々な話題を自由に話し、コミュニケーションができ、社会においての専門的な仕事やスピーチにも対応できる。大学を卒業し、様々な仕事や社会場面で自由にコミュニケーションができるような基準に達している。
	四級甲等証書	高級（高レベル）の中国語能力を持つ。漢語で思考し、専門的な知識や国内、国際の時論、情報について、分析、比較、論述する能力を持ち、なお且つ漢語で専門的な論文や創造文を書くことができる。母語が漢語である者とほとんど差異がなく、高度な社会水準を持つ仕事や専門性の高い領域で要求されている漢語基準に達している。

出所）新疆財経大学語言学院のMHK紹介（内部資料）に基づいて筆者作成。

② MHKの試験は筆記試験と面接試験に分かれ、2つの試験は別々に行われるため、受験者は自分が受けた試験の成績に応じて、それぞれの「中国少数民族漢語水平等級証書」を取得できる。

③ 受験者は必ずしも同一級別の筆記や面接試験を同時に受験するとは限らないため、自分のレベルや証書の取得状況によって、異なる級の筆記及び面接試験を同時に受験することができる。但し、ある級の筆記試験に合格して初めてその級の面接試験の申し込みができるようになる。

以上から見ると、聞くと読むを重視し、話すと書くを軽視するHSKと

表6　MHK の問題構成

試験内容	問題数（題）		割合（%）		解答時間（分）	
	3級	4級	3級	4級	3級	4級
聴　解	40	30	41.7	42.3	30	40
読　解	40	40	41.7	56.3	45	50
筆頭表現	15＋1	1	16.6	1.4	45	45
合　計	96	71	100	100	120	135

出所）　新疆財経大学語言学院の MHK 紹介（内部資料）に基づいて筆者作成。

違って、MHK は少数民族に対して、聞く、書く、読む、話すのすべての漢語能力を要求するものである。

2.2.3. MHK の試験内容

　新疆で実施している MHK の 3 級、4 級を例をとして見てみよう。

　MHK の 3 級及び 4 級の筆記試験は、ともに聴解・読解・書面表現の 3 つのセクションに分かれているが、トータルは 3 級 96 問（試験時間 120 分）、4 級 71 問（試験時間 135 分）、両方とも 300 点満点で総合的な活用能力を測定するものである[11]。その具体的な項目構成は表 6 の通りである。

　聴解試験の内容は主に、普通の社会的なコミュニケーションで行われる日常会話、短い文、新聞やニュースにおける一般的なテーマのスピーチである。読解試験の内容は語彙知識と文の理解を中心に、異なる体裁やテーマの読解用文章及び新聞、雑誌、書籍などの実用文から材科を取り、いずれも指定語や指定文に一番近い解釈に当たる言葉や短語を選ぶ問題である。目的は言葉の意味（語義）についての理解能力と閲読能力を測定することにある。筆答表現の内容は文法の知識や言葉の総合的な運用能力と漢語で作文能力を測定する試験問題である。与えられた 4 つの言葉の中から最も適当なものを 1 つ選んで各短文の空欄に記入するものや指定の要求に従って作文をするもの

---

[11] 『中国少数民族漢語水平等級考試大綱』、http//www.xjhsk.cn/、2008 年 6 月 16 日の紹介より。

がある[12]。

　以上では、3級を例として試験内容を具体的に説明したが、4級は聴解、読解材料の選択範囲において、更に国内、国際や社会科学、自然科学などの専門領域に伸ばし、母語が漢語である者とほとんど差異がないように目論まれている。

　面接試験は点数化されず、直接合格と不合格で判断される。本節の2.1ですでに言及したように、面接試験は「漢語口語測試系統」の音声対話に対応するものであるため、その合格か否かは事前に設定された基準に基づいてコンピュータが判断している。これは受験者の口述能力を評価する時、人為的な要素（教師の発音や声調の誤り、漢語の訛りなど）を排除し、標準化した基準で客観的に判断できると言われている一方、少数民族に対しても、「国家通用語」である「普通話」の学習が義務付けられているというもう1つの配慮があるのではないかと考えられる。このようにして、MHKの体系は学校教育だけに頼らず、検定試験を通して少数民族の漢語の応用力や実践力をさらに向上させようとする意図が見られる。すなわち、少数民族の漢語教育が、「漢語・漢文」を教えるだけでなく、漢文化教育によって国家統合、民族一体化への帰属を図ることを目指しているのである。

2.3. 構造からみた MHK の動向——「民漢兼通」の最終的な意味

　以上のような MHK の構造の下で、漢語教育の目標である「民漢兼通」の意味もさらに変化した。例えば、試験内容について、MHK は指定教科書ではなく、幅広い範囲で現代漢語の手本文から聴解材料を選択し、これらの聴解材料のスタイル、文体、風格や難易度は異なり、言語知識の他に、話し手の態度、語調、気持ちや思考様式も含めているため、漢語非母語話者の少数民族漢語学習者にとっては、それを身に付けることは必ずしも容易なことで

---

[12] 『中国少数民族漢語水平等級考試大綱』、http//www.xjhsk.cn/、2008年6月16日の紹介より。

はない。

　書面表現（作文）では、言語学習以外にも、さらに文学修辞や漢語で思考するなど、文化及び民族心理面からの要求を増加した。これは漢語非母語話者の少数民族を漢語母語話者と同じように扱うためで、目的は少数民族の漢語水準を漢語母語話者とほぼ同じようにすることにある。

　面接試験は、用意された文章を読んでから、自分の言葉で見解を論じるものである。主に学習者に対して、物事の原因、発展や変化の過程を口述させ、物事の基本的な特徴や要素を総括し、学習や社会生活の中で、一般の問題について、簡潔な評論をすることを考査する[13]。

　以上から分かるように、MHKは言語、文化の障壁を越え、話し手の態度、気持ち、語調や思考様式までも理解しなければならないことを要求した。この点から考えれば、漢語教育は言語学習から文化学習へと進み、最終的には少数民族か漢族かを問わずに漢語教育の推進による言語の統合を目指している。これは漢語教育が事実上「共通語」（普通話）教育の方向に進んでいるのだと思われる。

　要するに、MHKの基準をみれば、漢語教育の目標、つまり、「民漢兼通」理念は「漢語精通」から「漢語普及」へと変わった。これによって、ウイグルなどの少数民族に国家意識、国民意識を持たせ、中国人のアイデンティティを本格的に築き上げていくことを実践していると考えられよう。

2.4. MHKによる新たな「民漢兼通」基準の設定

　しかし、2007年時点の実態としては、新疆の初、中等教育の段階では、主に少数民族語を教授言語とし、漢語教育はまだ普及していない少数民族学校が多かった。そのため、高等教育の段階の学生やすべての少数民族教師を中心に、MHKの3級（高校卒業の水準）とMHKの4級（大学卒業の水準）のみを試行した。2010年10月からMHKの3級、4級のみを正式に実施し

---

[13] 新疆財経大学語言学院のMHK紹介（内部資料）より。

たが、今後、少数民族教育における幼稚園、小・中学校の漢語単一化強化によって、MHKの1級（小学校卒業の水準）とMHKの2級（中学校卒業の水準）も次第に実施されることは間違いない。

2007年、MHKに基づく少数民族の学生や教師における漢語水準の合格基準が新たに設定された。この新基準は漢語水準の各等級をさらに甲等（高レベル）、乙等（低レベル）を細分化し、「民漢兼通」について、具体的にどのような運用レベルを指す概念なのか、何を基準にしてそれを判断するのか、体系的根拠を定めた。その内容を以下に示す[14]。

学生の場合、漢語を専攻とする学生は、3級甲等（漢語について、言葉や文化の支障がなく、大学の予科部を卒業した中級の高レベル）以上に達し、漢語を専攻としない学生は、3級乙等（日常生活、学習や仕事において、漢語の支障がなく、少数民族高校を卒業した中級の低レベル）以上に達しなければならない。

教師の場合、大学の漢語教師は4級甲等（高い社会水準や専門性が高い領域の漢語基準に達し、母語が漢語である者と差異がない、高級の高レベル）以上、漢語教師以外の教師は4級乙等（漢語を自由に使いこなし、社会において専門的な仕事やスピーチにも対応でき、大学を卒業した高級の低レベル）以上に達し、高校、中等技術学校の漢語教師は4級乙等以上、漢語教師以外の教師は3級甲等以上に達しなければならない。小・中学校の漢語教師は3級甲等以上、漢語教師以外の教師は3級乙等以上に達し、幼稚園の教師は3級乙等以上に達することが必須である。

この新基準が全国の少数民族地区で推行されることは、少数民族社会における漢語普及という本来の政府の狙いが浮き彫りになってきたと考えるべきである。

14　新疆財経大学語言学院のMHK紹介（内部資料）より。2007年6月から新疆ではMHKの3級、4級のみが行われているので、その基準も3級、4級のみが設定されている。

おわりに

　以上の分析から、HSK は中国以外に対しては検定制度の 1 つとして扱われているが、国内の実際問題として言えば、行政側の姿勢の変化と教育現場に携わる人々の積極的な取り組み姿勢によって、その社会意義や効用が変わり、単なる検定試験の 1 つから少数民族社会全体の問題になるものへと昇格した。これによって漢語がより一層重要視され、少数民族社会内部の教育や言語の選択に対して新たな模索が行わざるを得なくなった。

　一方、HSK は「民漢兼通」を最初の出発点としたが、その後の展開において、少数民族語の位置については一切触れていないため、高等教育の段階を始め、漢語だけを重視する教育の方向へと向かったのである。このような言語教育政策の下で、圧倒的にウイグル族の人口が多い新疆の中の地域であっても、ウイグル語だけで自己完結的な言語教育空間を作り出すことは難しくなっていると言える。

　言い換えれば、HSK を境にして、少数民族教育において漢語は少数民族語を超えた地位が与えられ、それを主軸としつつ「民漢兼通」から「漢語精通」が少数民族の漢語教育の最新目標として設定された。

　MHK は HSK の延長上にあるものである。すなわち、MHK は少数民族に向けた漢語検定制度の 1 つであり、社会機構に組み込まれるように設計されていると言ってもよい。さらには、HSK に比べて MHK はより少数民族教育のあらゆる側面に浸透するように図られている。少数民族語は少数民族教育の初、中等段階では有力言語であるが、高等教育の段階からは限定的な教育言語として用いられ、必然的に、漢語の習得が必須となり、漢語単一化強化の状況へと進んだ。こうした MHK の推行により、少数民族の間で、漢語がエリートと一般大衆を分離する壁になったのは言うまでもないことである。

　こうした漢語強化の結果は実質的に民族言語の軽視をもたらし、漢語ブームを加速させた。実際、漢語が経済発展や個人の社会進出に有用な言語であるため、少数民族の中には、民族学校で漢語を習うより漢族学校で学んだ方

がよいと考え、自民族語を捨て去る「民考漢」（漢語で大学までの教育を受け、漢語で受験した少数民族を指す）のような若者が現れるようになった。これが少数民族の言語危機や衰退と密接に関係していることは想像に難くない。

　要するに、MHKの体系の下で、漢語教育はすでに国家共通語教育の内容を含んでいる。その性格も従来の民族間のコミュニケーション手段や少数民族教育の質を高める近道などのイメージを根本的に覆して、エスニック（民族）なものだけではなく、ナショナル（国家）を指向している。そのため、「民漢兼通」の理念はHSK以来の「少数民族が漢語、漢文化に精通する」から、「少数民族に漢語普及」へと大きく変化していると考えられる。

　2013年から、中国は「一帯一路」（シルクロード経済帯『一帯』と21世紀海上シルクロード『一路』）発展戦略を打ち出した。この「壮大なプラン」に合わせて、言語を超えて少数民族の社会、経済、文化に深刻な影響を与える漢語教育がどのように連動していくのかを今後注意深く考察していく必要があろう。

参考文献
日本語
川口栄一、馬蘭（2003）『HSK中国語運用能力検定試験模擬問題集Ⅳ』KJA出版。
HSK日本事務局のサイト http://www.jyda-ie.or.jp/hsk/top.htm。

中国語
国家対外漢語教学領導小組事務室漢語水平考試部（1996）『漢語水平等級標準与語法等級大綱』（高等教育出版社）。
新疆維吾爾自治区人民政府文件（2004年64-2号）「自治区人民政府関于大力推進双語学習、進一歩加強語言文字工作的意見」（http://www.xinjiang.gov.cn/2006年6月20日）。
「新疆维吾尔自治区实施中国少数民族汉语水平等级考试（MHK）暂行办法」（内部資料）
新疆漢語水準試験事務室「HSK新聞動態」（http://www.xjhsk.cn/、2008年6月16日）。

新疆財経大学語言学院の MHK 紹介（内部資料）

「中国漢語水平考試介紹」（http// www.xjhsk.cn/）。
「中国少数民族漢語水平考試介紹」（http// www.xjhsk.cn/）。
『中国少数民族漢語水平考試等級大綱』、（http// www.xjhsk.cn/2008 年 6 月 16 日）。

あとがき
言語意識の危機

石 剛

　「危機言語へのまなざし」という題目を掲げた本書の研究を進めていくうちに、次の点に気づいたのである。つまりは、ここで言っているその「危機」とは、一体どのようなものなのか？　ある特定の言語が消えてなくなる危険に曝されている、というのが本来の意味のはずだが、果たしてこれがまるで対岸の火事として、その言語だけが危機に瀕しているのであって、我々自身が安泰そのものであり、特にかかわりを持ちたくなければ、別に痛くもかゆくもないような、いわば他人事にすぎないだろうか。

　かつて金子亨（故人）という私の尊敬する言語学者がいて、『先住民族言語のために』（草風館、1999年）という立派な本を出している。その本の「あとがき」に彼はこう記している。「言語の危機状況をあらわすのにnoriboundという言葉がある。『死ぬに決まった』という意味である。私はこのことばを憎む。私が先住民族ならば、『そんなことを他人に決められてたまるか』と憤慨するだろう」、と。

　しかし、母語の継承が途切れてしまいそうな言語は、事実上、やはり危ない。現に、我々は毎日のようにとまでは言わなくても、時々、どこかのある言語の話し手、それもその最後の一人か二人がいなくなったというニュースを耳にする。もちろんそのほとんどは、我々の知らぬ存ぜぬのうちに消えたのである。それでも、金子氏は、これが「人の言語をこのように決めつける

のは単に礼を失しているだけではなく、母語を捨てる権利を含む言語権に対する重大な侵害だ」と言う。

　権利の侵害は確かに由々しい問題だが、他の角度から見れば、この「言語権」というヨーロッパ起源の思想は、さすがに「人権」思想などとともに、近代思想の代表格として今でももてはやされている。その受けが良い反面、大事な何かを隠蔽してしまっているのではないかと、ひそかに疑わずにはいられない気持ちでいる。それは何か。

　そもそも「権利」とは、神様からいただけるような代物のようなもので、当たり前のものとして、人々に安心感を与えてしまっているおそれすらある。それは場合によって思考停止、抗争の停止に拍車をかけているだけの役割を果たしているに過ぎない。危機言語の話し手に言語権があるからと言って、かつての誰も守ってくれなかったのではないか。そのために今日はnoribound という運命を背負っていかざるをえない現実があるのである。

　それなら、道はどこかにあるのか。思うに、この場合に必要なのは、この事柄（危機言語の復興）にかかわるすべての因果関係を洗い出して、危機言語、少数言語と我々の住む世界、それに人類との関連性を根本から考えなおさなければ、救いの道も開かないだろう。世間のことは、いろいろと目に見えない深層な原因と結果で繋がっており、仏教の言葉を使えば、一切の相関関係である「因縁」にある。これを素直に感じるべきではないだろうか。

　この意味において、たとえばかつて金子氏は情熱をもって、アイヌ語の復興という歴史的事業に成功してほしいと、何かの役に立ちたいとばかりに、アイヌの人たちに向かって、「西洋で大変上手で大胆な言語計画が紹介されているので、参考にしてほしい」と勧めたところ、「まずはメシの心配が先だ」と叱られたものだったと、彼は記している。この貴重な記録から読み取れた食い違いと意識の乖離は、どこから生じたのだろうか。ちなみに、28 年ほど前になるが、恩師の田中克彦先生からも、金子氏の話に似た、ほぼ同じようなエピソードを聞いていたように記憶している。それは確かにブリヤートかどこかで、何かの先住民族言語に関連する大会に出席した時の話だった。

先に述べた危機言語問題とこの世界全体との相関関係、それを人類全体の問題、つまり「因縁」として受け止めるというような意識が欠如されたまま、我々はあれこれと議論をしていないのだろうか。外から救世主的な存在としてでもなければ、ボランティア的な発想からでもなく、本当に我々自分自身の問題としてそれに取り組むように、こういう観念が広く生まれてくるまでに、そのための意識の変革がかなめとなるのではないかと思われる。

　しかし、問題はそう簡単ではない。生物多様性や言語多様性の思想に象徴されているように、人間は自然と環境そして言葉に対して止まることの知らない自分の傲慢さを含め、言語に対する認識を根本から考え直し、改めることが困難であると思う。現在の危機言語問題と人類全体との関連性という視点を、われわれは持ちあわせていないという問題提起は、グローバル化と言いながら無数に分断されている我々の住む世界と、そこにある様々な障壁から見れば、その重要性が火を見るよりも明らかであろう。これこそが今直面している危機的な状況となっていると言わざるをえない。言語に限って言えば、まさに「言語意識の危機」というほかはない。その意味において、本当に危機に瀕しているのが、どこかの何かの言語というより、むしろ我々の意識ではないか。根本から発想を改める時が来ているように思えてならない。これが直接的に人類の生存に関連していると思うのである。

編者紹介

石剛（SHI Gang）
広東外語外貿大学講座教授・成蹊大学文学部教授。
編著書に、『植民地支配と日本語』（三元社、1993 年）、『日本植民地言語政策研究』（明石書店、2005 年）、『「牛鬼蛇神を一掃せよ」と文化大革命』（三元社、2012 年）など。最近の論文に、「東アジアの近代と言語認識」（2013 年）、「近代日本言語創製のアジア的意味」（2014 年）、「戦後日本言語計画一瞥」（2015 年）などがある。

著者紹介
黄行（HUANG Xing）
中国言語学会副会長・中国社会科学院民俗学・人類学研究所研究員、成蹊大学アジア太平洋研究センター特別研究員。
著書に、『中国少数民族語言活力研究』『世界語言報告』。論文に、「少数民族語言研究的現状」「語素的計量分析与計量方法」「中国少数民族構成要素的因子分析」などほか多数。

周慶生（ZHOU Qingsheng）
中国社会科学院民俗学・人類学研究所研究員。
著書に、『国外語言政策和語言規劃』『多民族国家的語言政策研究報告』、『民族語言与民族文化』などほか多数。

範俊軍（FAN Junjun）
中国暨南大学教授。
論文に、「中国語言生態危機問題」、「生態語言学研究」、「瀕危機言語研究的幾個問題」などほか多数。

寺尾智史（TERAO Satoshi）
播州塩屋生まれ。京都大学大学院博士課程修了。京都大学博士（人間・環境学）。
現在、宮崎大学語学教育センター、大学院教育学研究科准教授。
著書に『欧州周縁の言語マイノリティと東アジア――言語多様性の継承は可能か』（単著、彩流社、2014 年）、『多言語主義再考――多言語状況の比較研究』（共著、三元社、2012 年）等。論文に《漢字：超越近現代的文字――重新審視語音與文字的關係》（単著、香港中國語文學會『語文建設通訊』98:23-29、張林訳、2011 年）、「社会学者小松堅太郎（1894-1959 年）と"民族"――"民族"概念肥大化の潮流の中で」（単著、『京都精華大学紀要』43:4-23、2013 年）等。

王瓊（WANG Qiong）
2012 年、中央大学総合政策研究科総合政策学博士後期課程修了。政策学博士。

現在　中央大学政策文化総合研究所準研究員。
論文に、「ウイグル社会における漢語教育の新展開とその限界——「民漢兼通」理念の変化の分析から」「新疆における少数民族漢語普及教育政策の成立——HSK という検定試験の導入をめぐって」など。

訳者紹介
アナトラ・グリジャナティ（古力加娜提・艾乃吐拉）（ANAYTULLA Guljennet）
2010 年九州大学大学院博士課程修了。博士（教育学）。
現在　中国新疆師範大学准教授、教育人類学。
著書に、『中国の少数民族教育政策とその実態』（三元社、2015 年）
論文に、「ウルムチ市ウイグル族の言語生活の変化研究」、「中国少数民族地域における都市化と社会変動」など。

曽輝（ZENG Hui）
成蹊大学大学院文学研究科・社会文化論専攻。
著書に、『伝統を超える：テレビ映像伝播の変化発展』（共著）、『映像伝播実例教程』（共著）。
論文に、「メディア映像化の歴史の変遷及び発展趨勢」、「メディア融合の背景下の内容と資源の統合と再構成について」、「メディア融合時代の出版専門教育モードの調整研究」

崔徳軍（CUI Dejun）
2010 年、上智大学大学院地球環境学専攻修了、環境学博士。
現在、中国四川宜賓学院外国語学院准教授。
論文に、「松尾芭蕉俳句における禅意」、「村上春樹現象から見たその作品にある芸術性、社会性と思想性」など。

褚天宇（CHU Tianyu）
成蹊大学大学院文学研究科・社会文化論専攻。

楊賦臻（YANG Fuzhen）
河北大学日本語科卒業。
北京国際経済技術有限会社日本駐在総代表。

翻訳・校正協力者
藤田千穂（FUJITA Chiho）　成蹊大学文学部在籍
足立慶太（ADACHI Keita）　成蹊大学文学部在籍
柏倉栄人（KASHIWAGURA Eito）　成蹊大学文学部在籍
邓宇陽（DENG Yuyang）　広東外語外貿大学講師

成蹊大学アジア太平洋研究センター叢書
危機言語へのまなざし
中国における言語多様性と言語政策

発行日	2016年9月5日　初版第1刷発行
編　著	石　剛
発行所	株式会社三元社
	〒113-0033 東京都文京区本郷1-28-36鳳明ビル1F
	電話／03-5803-4155　FAX／03-5803-4156
	郵便振替／00180-2-119840
印刷	モリモト印刷株式会社
製本	株式会社越後堂製本
コード	ISBN978-4-88303-409-3

2016©Seikie University Center for Asian and Pacific Studies　　Printed in Japan